Komm, mir gehn bei die Giraffen

W0194185

Inhalt

„Komm mir jetzt nicht mit blöden Sprichwörtern!"

Vorwort

Liebe Elefanten, Tiger, Giraffen und andere Zootiere,

ich muss mich gleich vorab bei euch entschuldigen. Ich habe ein Buch über den Zoo Leipzig geschrieben. Aber ihr spielt leider nicht die Hauptrolle.

Vielmehr erzähle ich von den Menschen, die zu euch kommen.

Als leidenschaftliche Zoobesucherin konnte ich nicht anders, als irgendwann meinen Stift aus der Tasche zu holen und aufzuschreiben, was ich da alles so sehe.

Zum Beispiel Kinder. Ich sehe ganz viele Kinder. Das ist leider nicht mehr selbstverständlich. Ihr Tiere müsst wissen: Wir Menschen haben Angst, dass wir aussterben, weil es zu wenig Nachwuchs gibt.

Unsere Politiker erzählen immer, dass sie etwas für die Familien tun. Die reden das schön. Die Statistik sagt nämlich, dass wir in dreißig Jahren ganz viele alte Menschen haben werden.

Wir nennen diese Forschung „Demographie". Ihr müsst euch das Wort nicht merken. Man kann einfach sagen: Der Sex bleibt ohne Wirkung!

Wenn man aber zu euch in den Zoo kommt, dann hat man das Gefühl, die Welt ist in Ordnung. Man sieht eine Menge fröhlicher Kinder. Größere und kleinere an der Seite ihrer Eltern.

Dann gibt es noch eine spezielle Sorte Mensch, die wir Omi und Opi nennen. Die haben eine ganz wichtige Funktion. Die tragen das dicke Portmonee, damit die Enkel Bratwürste, Trinkschokolade oder die „Kinderkartoffelsuppe mit Überraschung" essen können. Eigentlich streiten die Menschen gern. Aber bei euch werden sie verträglich. Sie sind damit beschäftigt, ihren Kindern zu erzählen, was der kleine Rote Panda gerne frisst und warum die Erdmännchen einen Wächter haben, der ihr Gebiet kontrolliert.

Es ist herrlich zu erleben, wie ein Vater sich für seinen zweijährigen Sohn zum Ei macht, indem er ihm die Dachkonstruktion des Gondwanalandes erklärt. Und der Kleine legt verständnisvoll seinen Kopf an den seines Vaters und macht dabei ein glückliches Gesicht.

Im Zoo sind Eltern keine nervlichen Wracks, sondern irgendwie Partner der Kinder.

Die Menschen werden beim Anblick von euch Tieren zufrieden. Sie lieben es, bei den Affen zu stehen und zuzuschauen, wie die Weibchen ihre Jungen beschützen. Wie sie zärtlich nach ihnen greifen und sie an sich drücken.

Oder wie Bonobos Liebe machen! Bei uns Menschen gibt es auch die Möglichkeit, beim Sex zuzuschauen, aber bei den Primaten sieht das lustiger aus.

Weil wir beim Thema Paarung sind: Wisst ihr eigentlich, wie viele Pärchen sich bei euch im Zoo treffen?

Nur wenige Schritte vom Eingang entfernt steht eine Litfasssäule. Da wartet immer jemand auf den anderen.

Natürlich sind die kleinen Erdenbürger die Mehrzahl der Besucher. Aber auch verliebte Teenies sehe ich. Oder ein in die Jahre gekommenes Paar, das Hand in Hand durch die grünen Anlagen spaziert. Manche, so wie ich, schlendern allein. Das fällt aber nicht auf. Man ist ein Teil dieser Familie.

Wenn ich bei euch bin, möchte ich den Politikern zurufen: „Schaut euch das an! So muss eine Gesellschaft aussehen! Macht was, dass wir auch ein Artenschutzprogramm bekommen!"

Ob wir das schaffen, wird sich zeigen.

Aber das Friedliche an eurem Zuhause, das genießen wir heute schon. Ihr müsst wissen, wir Homo sapiens sind nicht wirklich schlecht.

Wenn wir bei euch sind, kann man das erleben.

Folgt mir also auf die andere Seite des Zoos. Auf die Seite derer, die euch tagtäglich besuchen, auf die Seite der Menschen.

Beginnen wir den Rundgang mit einem Satz, den wir Leipziger sagen, wenn wir zu euch wollen:

„Komm, mir gehn bei die Giraffen!"

Die Linie 12

Man kommt auf verschiedenen Wegen zum Zoo: per Fahrrad, mit dem Auto, zu Fuß oder mit der Straßenbahn. Da nimmt man die Linie 12.

Ich habe großes Glück, denn die 12 ist auch jene Bahn, die mich nach Hause oder in die Stadt bringt. Warum nenne ich das Glück? Ist diese Tram anders als die anderen? Jaaaaa! Denn sie befördert all die größeren und kleineren Kinder mit ihren Eltern, Großeltern und anderen Erwachsenen direkt zum Haupteingang des Zoos.

So erlebe ich ganz häufig, welche Vorfreude und Aufregung die Kinder fühlen, wenn sie sich auf den Weg zu Elefant, Tiger und Erdmännchen machen. Sie können es nicht erwarten. Oft stehen sie schon mehrere Stationen vorher am Ausstieg und schauen mit großen Augen zu ihren Eltern, die immer wieder sagen: „Noch niiiiicht!"

So ergeht es auch Robbi, einem Jungen, dem alles nicht schnell genug geht.

Als er nach der Geburt seinen Namen erhielt, dachten die Eltern vermutlich an Robbie Williams und nicht an die Robben, die gemächlich durch das Becken im Zoo schwimmen.

Robbi steht ungeduldig an der Tür, und jedes Mal, wenn sie aufgeht, rufen seine Eltern: „Noch nicht aussteigen!"

Schweres Kinderleben. Na gut, dann wird eben für die anderen Fahrgäste der Halteknopf gedrückt.

Aber dann kommt die Ansage: „Nächste Haltestelle Zoo." Die Tür geht auf. Robbis Mutter kreischt: „Pass auf, ob was kommt!" Der Junge ward noch kurz gesehen und ist dann mit der Geschwindigkeit einer Sternschnuppe bereits am Einlass. Seine korpulenten Eltern können nicht so schnell und so muss er wieder warten, bis er endlich seine ersehnte Tierwelt betreten kann.

Und während Robbi schon bei den Pinguinen verkündet: „Hallo, Pingis, ich bin wieder da!", spielt sich am Eingang gerade eine Tragödie ab.

Eine Großfamilie will in den Zoo. Das ist prima. Aber die Familie hat Rudolf dabei. Einen kleinen Hund, Promenadenmischung und ganz offensichtlich Frauchens Liebling. Hunde sind, das kann man so sagen, im Zoo einer gewissen Diskriminierung ausgesetzt: Sie dürfen dort nicht rein.

Zu Recht. Stellt euch doch mal vor, so ein vierbeiniger Wischmopp springt vom Arm seiner Besitzerin und direkt in das Tigergehege. Das jagt den Raubkatzen schon einen großen Schreck ein. Oder es gibt eine leckere Nachspeise. Kalter Hund.

Welcher Grund auch immer gelten mag, mir gefällt das mit dem Hundeverbot. Denn lange Zeit haben die Vierbeiner mir große Angst gemacht. Wenn ein Hund meinen Weg kreuzte, wechselte ich die Straßenseite. Auch wenn der ganz gemütlich angetrabt kam. Ich bin sogar große Umwege gelaufen. Ihr glaubt gar nicht, wie viele Nebenstraßen ich kennengelernt habe, nur um Hunden aus dem Weg zu gehen.

Meine Haltung zu ihnen hat sich gebessert, dennoch finde ich den Zoo als hundefreie Zone angenehm.

Also, Rudolf muss draußen bleiben. Dem Hündchen ist das sowieso schnurz, ob er zu den Affen darf oder nicht. Aber nicht dem Frauchen.

Sie spricht mit dramatischer Stimme zu ihrem Liebling:

„Die Mutti ist ganz traurig. Jetzt darf der Rudolf nicht mit rein. Das sind böse Menschen vom Zoo."

Augenrollen der kompletten Familie, die diese Show wohl schon oft erlebt hat.

„Dabei bist du soooo lieb. Du würdest doch den Erdmännchen nichts tun?"

Rudolf knurrt.

„Die Mutti würde am liebsten gar nicht mit rein in den Zoo."

„Jetzt hast du aber die Karte gekauft!", kommt der ungehaltene Kommentar ihres Mannes.

„Und der Papa ist jetzt auch noch garstig. Komm, mein kleines Scheißerle, ich bringe dich zum Auto."

Mit dem Hündchen auf dem Arm geht Frauchen schwer gebeugt zum Parkhaus.

Die Familie bummelt inzwischen schon mal zum Ent-deckerhaus Arche, denn sie weiß, es gibt im Auto noch einen langen Abschied.

Fototime

Nun bin ich im Zoo und schaue bei den Pinguinen vorbei. Noch kann ich sie in Ruhe betrachten, denn die Besucher trudeln erst allmählich ein. Zu mir gesellt sich ein Mann.

Er hat die Flucht vor seiner Familie ergriffen, die sich zu einem gemeinsamen Foto aufstellt. Ein Service, der von vielen genutzt wird. Man lässt sich vor dem Rundgang fotografieren, und wenn man geht, nimmt man das Erinnerungsfoto mit.

Der Mann neben mir wird entdeckt und gerufen.

„Vati, jetzt komm doch mal her. Wir wollen ein Foto machen von dem schönen Tag."

„Du weißt doch gar nicht, ob der schön wird", antwortet dieser sichtlich entnervt. „Vielleicht setze ich euch bei den Hyänen aus. Dann bin ich euch los. Immer das Geknipse. Von Jahr zu Jahr sehe ich auf den Fotos dicker aus."

„Vati, das liegt am Weitwinkel."

„Mach dich nur über mich lustig!"

Mühsam schleppt er sich zum Ort des Grauens. Sagen wir mal, er tut so, als wäre es grauenvoll und ziert sich etwas. Aber eigentlich ist es ihm schon recht, dass seine Familie ihn bei sich haben will. Auch wenn er grummelt.

Viele mögen das mit dem Fotografieren nicht. Dennoch, es ist auch Zuneigung, wenn man den Anderen mit auf dem Bild haben möchte. Ihn in die Erinnerung einschließt.

Wenn man dich erst einmal sitzen lässt und ruft: „Bleib, wo du bist. Das Foto geht auch ohne dich!", dann bist du für die anderen nicht mehr so wichtig und irgendwie ein Stück allein.

Kiara und die Bratwurst

Die Pinguine und all die vielen seltenen Reptilien und bunten Fische – sie alle haben ihr Domizil im historischen Zoo, wie der Teil um den Gründergarten, das ehemalige Raubtierhaus und das Aquarium genannt wird.

Ein spannender Ort. Man kommt sich nämlich vor wie auf einem großen Marktplatz. Es herrscht ein munteres Treiben und das historische Gebäudeensemble bildet dabei eine fantasievolle Kulisse.

„Rosa ist so was von 80er!"

Du kannst, wenn du die Augen schließt, die Geschichte um diesen Teil des Zoos spüren. Du atmest die Gründerzeit.

Vor deinem inneren Auge ziehen Damen in langen, edlen Roben vorbei, begleitet von ihren Kindern und Männern im Sonntagsstaat.

Und wenn du genau hinhörst, dann kannst du sogar das Trappeln der Pferde von den Kutschen, die auf der Pfaffendorfer Straße fahren, wahrnehmen.

Damals war man respektvoll zu Besuch. Heutzutage wird ab 9 Uhr Ortszeit der Zoo in Besitz genommen. Man könnte auch von einer fröhlichen Okkupation sprechen.

Die Besucher kommen auch nicht mehr im Sonntagsstaat. Jetzt im Sommer dominieren Jeans, Leggins, kurze Hosen, sehr kurze Röckchen und kunterbunte Kleider. Die Kinder tragen Freizeitlook, der ideal ist, um auf Baumhäuser zu klettern, an Seilen zu hangeln oder sich über Absperrungen zu lehnen. Sie wollen nicht nur schauen, sondern erleben.

Ein junger Vater, der seine Tochter ruft, reißt mich aus den Gedanken.

„Kiara, was wird denn jetzt mit der Bratwurst? Komm, beiß mal was ab."

Kiara hüpft um die Litfasssäule, während ihr Papa mit einer angeknabberten Rostbratwurst dasitzt und wartet, dass seine Tochter sich irgendwann anschickt, diese zu essen.

„Kiara, deine Bratwurst wird kalt!"

„La, la, la, la, la."

Kiara singt und hüpft weiter.

„Kiara, komm jetzt her und beiß in die Wurst! Wenigstens ein kleines Stück. Du wolltest sie doch haben."

Kiara, so werden wir noch erfahren, will immer etwas haben. Und weil sie so ein hübsches Ding ist, wird ihr auch jeder Wunsch erfüllt. Die Bratwurst ist der Anfang einer langen Ernährungskette an diesem Tag.

„La, la, la, la, la."

„Kiara! Die ist ganz lecker."

Kiara hüpft weiter ihre Runden, stoppt aber jetzt kurz beim Papa und beißt etwas von der Wurst ab. Ein ganz kleines Stück.

„Hm, das schmeckt", sagt jetzt hoffnungsfroh der Vati.

„Ich will nicht mehr."

„Du hast doch noch gar nichts weiter davon gegessen."

„Ich bin satt."

„Und wer soll die jetzt essen?"

„Der Papa."

Der Papa schaut verzweifelt auf die Wurst und macht dann das, was so viele Väter tun. Er gibt das „Hausschwein" und drückt sie sich rein. Sie hat ja Geld gekostet und man will nichts umkommen lassen. Ganz viele Vatis wollen nichts umkommen lassen und sind Biotonnen auf zwei Beinen.

„Bitte nicht füttern!" steht überall zum Schutz der Tiere. Nichts Falsches dürfen die fressen. Sie bekommen Vitamine, Proteine, das Faultier auch Koffeine, damit es sich bewegt.

Das ist Artenschutz.

Für Kiaras Vater jedenfalls wünsche ich mir ein T-Shirt mit der Aufschrift „Bitte nicht füttern! Dein Papa".

Unser aller Horst

Ich mache mich auf zum Rundgang und folge den vielen Besuchern. Nach der Lippenbärenschlucht überqueren wir die Brücke, welche über die Luppe führt.

Ein Mann ruft seiner Tochter zu: „Vanessa, du darfst da nicht drüber laufen. Die hält nur bis fünf Tonnen." So steht es auf einem Warnschild. Der, der das sagt, ist sehr beleibt, und Vanessa ist ein klapperdürres Mädchen.

Bevor ich mich richtig ins Getümmel schmeiße, nehme ich einen kleinen Umweg, um einem berühmten „Herrn" meine Aufwartung zu machen. Ich mag ihn wegen seiner braunen, gutmütig drein blickenden Augen. Horst. Unser aller Lama.

Horst ist eine bedeutende Tierpersönlichkeit und Volkseigentum der Leipziger.

Er war lange Zeit so eine Art persönlicher Referent des Zoodirektors. Dieser schleppte Horst zu allen Volksfesten und großen Events mit.

Normalerweise ist es ja so, dass wichtige Männer des öffentlichen Lebens zu Veranstaltungen mit schönen oder wenigstens schön hergerichteten Frauen kommen. Unser Zoodirektor kam mit einem schön hergerichteten Lama. Horst eben.

Wir Leipziger finden das klasse. Nun ist er in die Jahre gekommen und nicht mehr so oft als Star unterwegs. Die

Leute aber lieben ihn wie eh und je. Darum ist es üblich, ja Herzenssache, bei Horst vorbeizuschauen.

Er lebt in einer Art WG mit Harry, seinem Alpaka-Kumpel. Früher hatten sie ihr Gehege am Eingang. Nun sind sie umgezogen. Ihr neues Domizil ist passend. Denn sie befinden sich direkt am Dschungel-Kiosk und können den Besuchern, wenn sie wollen, auf die Teller gucken. Eigentlich auch spucken. Aber Horst macht das nicht. Der weiß, was sich gehört.

Neben seinem geselligen Wesen hat ein Lama auch noch eine weitere bemerkenswerte Fähigkeit: Es kann nämlich 45 Minuten beim Sex.

„45 Minuten. Das ist krass!", sagt anerkennend ein junger Mann neben mir, als er dies auf der Informationstafel liest.

„Mandy!", ruft er jetzt seine Freundin. Mandy naht und ich muss sagen, sie ist eine sehr schöne junge Frau. Modisch und mit toupierten schwarzen Haaren, die zu einem Kunstwerk mit rosa Schleifen gebunden sind. Und sie hat lange Beine, die noch länger wirken, weil sie für den Zoo passende Schuhe trägt: High Heels. Die höchsten Absätze, die es gibt.

Ihr Freund staunt: „Mandy, das Lama kann 45 Minuten beim Sex. In den Glocken ist ein Leben!"

Das wiederum hören auch zwei ältere Damen. Da sagt die eine zur anderen: „Ursel, wenn ich den gesamten Sex in meiner Ehe zusammenzähle, komme ich auch auf 45 Minuten."

„45 Minuten!", ergänzt die andere, „Rosi, das ist eine verpasste Folge ‚Tierärztin Dr. Mertens'!"

Bevor wir in eine der großen Attraktionen vom Leipziger Zoo eintauchen, muss ich eine besondere Gattung von Besuchern vorstellen.

Es gibt die Tagesbesucher, zu denen gehören Reisegruppen, Schulklassen, Touristen, Familien, die oft weit gereist sind, oder auch Leipziger, die einmal im Jahr den Zoo besuchen.

Dann gibt es die Gruppe der Jahreskartenbesitzer. Diese wiederum teilen sich in die Relaxten (zu denen gehöre ich) und in die ganz Verrückten. Diese warten schon morgens kurz vor neun Uhr am Eingang vom Zoo und rütteln am Tor, damit man ihnen Einlass gewährt. Sie haben die halbe Nacht nicht geschlafen, weil ein Kurzohr-Rüsselspringer niederkommen soll.

Diesen Leuten machst du nichts vor. Die sind telepathisch mit jedem Tiergehege und jedem Baum im Zoo verbunden. Sie erforschen alles und sind bestens informiert.

Zu diesen Fans gehört auch Barbara von unserem Kabarett. Um die nachtaktiven Plumploris und Tüpfelbeutelmarder fotografieren zu können, steht auch sie Punkt 9 Uhr am Eingang und stürzt dann auf direktem Weg zum Vulkan-Stollen des Gondwanalandes. So schafft sie es gerade noch im letzten Moment, ihre Lieblinge vor die Kamera zu bekommen. Denn kurz nach neun erlischt das Licht.

Dann laufen auch wir, die normalen Besucher, durch die Dunkelheit des Stollens, spüren den Regenwaldboden unter den Füßen, und die kleinen Kinder schlüpfen ängstlich an die Hand der Eltern.

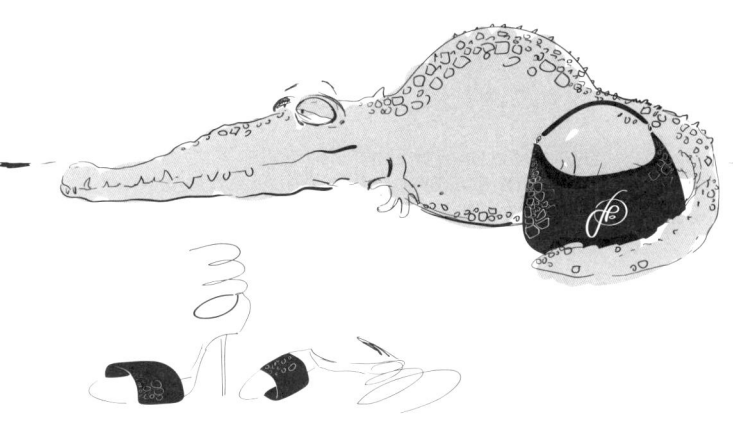

Ein Krokodil mit Stil

Im Gondwanaland

Also, wer Heizkosten sparen, aber nicht frieren will, lässt sich eine Jahreskarte für den Zoo schenken und geht dann zum Aufwärmen in Europas größte Tropenwelt. Dort ist es immer kuschelig warm. Besonders im Winter macht es Spaß, die steifen Finger und gefrorenen Nasen bei Faultier und Co. auftauen zu lassen.

Die Attraktionen sind vielfältig. Eine mussten wir allerdings schon begraben. Heidi, das schielende Opossum.

Schon vor der Eröffnung von Gondwanaland war sie ein Medienstar. Berühmt wurde sie durch den witzigen Kommentar des Pflegers: „'Ne Heidi ist sie nicht!"

Stimmt. Im Gegensatz zum Star-Model, das einen Körper nach Maß hat, war unser Opossum mit dem Silberblick viel zu dick und hatte Arthrose. Dennoch, die Leute liebten sie über die Maßen. So sehr, dass nach ihrem Tod ein Kondolenzbuch im Zoo ausgelegt wurde.

Ich stelle mir vor, in tausend Jahren kommen Außerirdische und finden im Gelände des Zoos ein Kondolenzbuch für eine Beutelratte. Was meint ihr wohl, was die über uns denken? Vielleicht sagen sie, wer ein Kondolenzbuch bekam, muss ein hohes Tier gewesen sein. Wurde Leipzig von einer Ratte regiert? Oder sie sagen: Die waren meschugge.

Wir alle wollten also sofort nach der Eröffnung Heidi besuchen. Da sie zu den nachtaktiven Wesen gehörte, war es gar nicht einfach, überhaupt dieses plüschige Etwas zu Gesicht zu bekommen.

Auch ich hatte mehrfach den Versuch unternommen, mir diese Ratte anzuschauen, aber immer schlief sie. Als ich zum vierten Mal vor dem Fenster stand, pennte das Vieh wieder und zeigte abermals nur ein Stück von ihrem flauschigen Fell.

Entnervt beklagte ich mich bei der Aufsicht: „Jedes Mal, wenn ich komme, schläft die."

Coole Antwort: „Wahrscheinlich haben Sie so eine Aura."

Ich beginne meinen Besuch in Gondwanaland mit der Bootsfahrt.

„Eine Bootsfahrt, die ist lustig, eine Bootsfahrt, die ist schön, ja, da kann man mit dem Geisterboot den Urknall noch mal sehn."

Eine Mutter singt an der Anlegestelle ihrem Kind dieses Lied vor. So wird die Wartezeit verkürzt. Wir stehen alle dicht gedrängt in verschiedenen abgesperrten Bereichen. Aber die Logistik ist perfekt, und relativ schnell sitzen wir im Boot. Auch Ursel und Rosi, die beiden älteren Damen, sind dabei.

Die Reise auf dem Urwaldfluss Gamanil beginnt. Ursel bekommt einen Schreck. Sie bemerkt, dass das Boot ohne Skipper ist.

„Rosi, das Boot fährt allein!"

„Nu", feixt Rosi.

„Das ist ja zum Fürchten."

Aber Ursel ist gefangen. Ab geht es in den dunklen Schlund der Grotte.

Ich muss bei dieser Fahrt immer an eine Geisterbahn denken. Aber eine sehr lehrreiche. Wo kann man schon auf so sinnliche und spannende Weise die Erdgeschichte verfolgen? Wir erfahren über den unbestechlichen Faktor Zeit eine bedrückende Wahrheit: Es brauchte Abermillionen von Jahren, damit die Kontinente sich in ihrer Schönheit entwickeln konnten. Und es braucht nur wenige Jahrzehnte, in denen der Mensch diese großartige Natur zerstört.

Diese Bootsfahrt ist besonders für die kleinen Kinder aufregend. Sie packen ihre Eltern fest an der Hand und sind, zu meiner Verwunderung, oft sehr still.

Auch der kleine Junge in unserem Boot staunt über den Urknall mit Blitz und Donner und die beeindruckenden Tier-Animationen, welche uns auf der Fahrt begleiten.

Besonders hat es ihm der Riesenbagger vom Regenwald angetan, der so bedrohlich auf uns zukommt und so echt wirkt, dass man in Deckung gehen möchte.

Erst als das satte Grün der Tropenwelt wieder zum Vorschein kommt, atmet der Kleine auf und sagt zu seiner Mutter: „Ich habe gar keine Angst gehabt."

Dann genießt er die Fahrt. Wir haben Glück und sehen vom Boot aus Tapirmutti Laila mit ihrem Nachwuchs Kedua. Die Kameras klicken. Wenig später ist die Fahrt beendet.

Ursel und Rosi hieven sich aus dem Boot. Rosi ist begeistert, Ursel unzufrieden.

„Für mich war das keine richtige Bootsfahrt."

„Warum denn nicht, das war doch schön."

„Ja, schon. Aber es war keine richtige Bootsfahrt."

„Warum denn nicht?"

„Rosi, weißt du, was nicht in Ordnung war?"

„Nee, sag!"

„Es gab keinen Gondoliere."

Gondwanaland ist ein prächtiger, exotischer Garten. Alles grünt und die Tiere scheinen sich in den wunderbaren Anlagen wohlzufühlen. Allerdings zeigen sie nicht immer Dankbarkeit. Statt rund um die Uhr vor dem Zoobesucher zu posieren, verkrümeln sie sich manchmal unter dem Blattwerk. Wie sie es in den Tropen, ihrer Urheimat, auch tun würden. Alles ist artgerecht und normal. Das sieht aber nicht jeder Besucher so.

Eine Frau höre ich sagen: „Ich gehe nicht mehr in den Zoo. Ich sehe mir den im Fernsehen an. Da zeigen die wenigstens die Tiere. Früher, wo die in kleinen Käfigen saßen, konnte man die immer angucken."

Diese Art Zoo, wo die Tiere nur wenige Quadratmeter zum Leben hatten, wird aber nur noch von ganz wenigen Menschen gewünscht. Die Besucher haben ihre Freude an den großzügigen Anlagen und finden es ganz besonders aufregend, wenn die Tiere sich frei bewegen können.

Wie die Totenkopfäffchen. Sie sind die Clowns im Gondwanaland und treiben es arg mit uns.

Der Volksmund sagt: „Was sich neckt, das liebt sich."

Demnach muss es zwischen Mensch und Totenkopfäffchen eine ganz große Liebe geben.

Also, die verspielten, süßen Affen lieben Handys, Brillen, Taschen, Fotoapparate und andere Utensilien, welche die Menschen so mit sich herumtragen.

Die Bande ist geübt darin, allen Unvorsichtigen das Objekt der Begierde aus der Hand zu reißen, und dann landet ein teures Handy schnell mal im Wasser.

Neben mir steht eine Frau mit Dutt. Dieser sieht aus wie ein runder Topfkratzer und ist eine ideale Absprungrampe für die Affen.

Damit die Schäden sich in Grenzen halten, spritzen Mitarbeiterinnen und Mitarbeiter des Zoos fortwährend mit Sprühflaschen um sich, weil die Äffchen dieses nasse Etwas nicht mögen und sich dann aus dem Staub machen. Immer wieder werden die Besucher gebeten: „Bitte gehen Sie etwas vom Geländer weg! Legen Sie nicht ihre Hände darauf! Achten Sie auf Ihre Fotoapparate."

Aber was machen wir Menschen? Wir halten dem Äffchen den Fotoapparat ganz provokant hin. Wir wollen spielen.

So auch Rudolfs Frauchen. Sie stellt sich mit der Kamera in Position und ruft: „Lach mal!"

Das Äffchen lacht – und zwar sich ins Fäustchen, weil es in rasender Geschwindigkeit die Kamera aus der Hand geschlagen und das Frauchen auch noch verletzt hat. Ein Kratzer an der Hand!

„Mein Finger blutet. Hilfe!"

Die Familie rollt wieder mit den Augen.

Die Frau hält ihren Finger in die Luft und schaut sich um: „Ist denn hier kein Arzt?"

„Nein, hier ist kein Arzt. Hier stehen nur viele Leute herum, die sich über dich totlachen", sagt ihr Mann.

Sie ist beleidigt. Keiner beachtet sie. Keiner versteht sie. Außer ihr Hund Rudolf. Der muss sich später im Auto Folgendes anhören:

„Rudolf", wird sie mit dramatischer Stimme verkünden, „ich gehe nie mehr in den Zoo. Mir wollte so ein Affe den

Finger abbeißen. Der hing schon zur Hälfte runter. Ich war kurz vor der Amputation."

Rudi winselt.

„Ich hätte tot sein können!"

„Dann wäre der Rudi jetzt Halbwaise", lästert der Mann.

„Der Papa ist wieder böse."

„Mutti, mach halb lang. Du lebst doch noch! Leider … nicht mehr die Kamera!"

„Die Affen wollten mich töten", beharrt sie.

„Das ist ihr Job! Die heißen nicht umsonst Totenkopfäffchen."

Auch der Grüne Leguan ist „Freigänger". Er hat es sich auf der Mauer neben den Riesenottern bequem gemacht. Ganz ruhig und sehr dekorativ sitzt er da. Er schaut auf eine Frau, die genau neben ihm steht und ihren außergewöhnlichen Nachbarn erst gar nicht bemerkt. Als sie ihn wahrnimmt, zuckt sie zusammen, beruhigt sich aber sofort und schäkert mit ihm.

„Hallo, was machst du denn hier? Du bist aber ein Hübscher!"

Der Leguan reckt sich wohlig.

„Und eine schöne Haut hast du!"

Dann zeigt sie ihre Tasche: „Guck mal, meine Tasche sieht fast so aus wie du! Ist aber nicht echt! War ein Spaß. Keine Angst!"

Sie scheint über etwas Wichtiges nachzudenken, und mit einem Anflug von Begeisterung fügt sie hinzu:

„Weißt du, mein Kleiner, das ist ganz schön, dass ich dich hier treffen kann. Da muss ich nicht extra auf die Galoppinseln, oder wie die heißen, um dich zu bewundern!"

Nein, das muss sie nicht. Vielleicht kann sie auch, wie viele andere Leute, sich eine solche Reise gar nicht leisten. Es gibt also viele Gründe, um Gondwanaland zu mögen.

Ich durchschreite nun die Kontinente. In SÜDAMERIKA begrüße ich Faulinchen, das Zweifinger-Faultier, die Silberäffchen und Familie Ozelot. Die Ozelots haben einen Tierpfleger, der bei seiner Ankunft am Gehege ruft: „Jemand zu Hause?" Als wenn der Papa von der Arbeit kommt. Ich finde das amüsant.

In AFRIKA wird mir wärmer und wärmer. Macht aber nichts. Ich schwitze gerne ein bisschen für den Löffelhund und die Kirk-Dikdiks. Bei letzteren fühle ich mich immer veralbert, weil die wie kleine Rehkitze aussehen und kein bisschen afrikanisch. Vielleicht ist hier mal ein Irrtum im internationalen Zuchtprogramm passiert. Man weiß ja nie.

Von den Zwergflusspferden, die einträchtig mit den Dianameerkatzen leben, braucht es nur wenige Schritte und schon bin ich in ASIEN – Gondwanas drittem Kontinent. Er zeigt sich ebenfalls mit einer Vielfalt von Tierarten. Fischkatze, Otter, der Sunda-Gavial wie auch der Runzelhornvogel beeindrucken die Besucher.

Stars sind auch die Schabracken-Tapire Laila und Copashi mit ihrem Nachwuchs Kedua, dem kleinen Bullen, den wir alle so mögen. Er trägt, weil er noch klein ist, Pünktchen auf dem Fell. Das wird sich ändern, wenn er größer wird.

Ich stehe gerade beim Komodowaran. Ein Junge liest laut aus dem Text der Informationstafel: „Wenn er zubeißt, injiziert er über seinen Speichel Proteine, welche die Blutgerinnung hemmen. Das Beutetier erleidet darauf einen hohen Blutverlust und einen Schock."

Der Junge ruft seine Tante: „Tante Sue Ellen, der Biss vom Komodowaran ist gar nicht giftig. Weißt du, warum das Opfer stirbt? Das wird durch den Biss geschockt und blutleer."

„Nico", antwortet die Tante, „wenn ich meinen Kontoauszug sehe, bin ich auch immer geschockt und blutleer. Da brauche ich keinen Katamaran dazu."

„Der heißt Komodowaran!"

Entnervt geht Nico weiter, wohl denkend, dass er mit bescheuerten Erwachsenen unterwegs ist. Aber er kann ja noch nicht wissen, dass diese Art Humor oft das Einzige ist, was uns den Seelenfrieden erhält.

Da erzähle ich euch nun die ganze Zeit etwas über Tiere und vergesse dabei die Pflanzenwelt. Farben über Farben verwöhnen unser Auge. Aus dem Boden wächst Ananas und an den Bäumen hängen Bananen, Vanille, Kakaobohnen und sogar Leberwurst. Ein eigentlich reich gedeckter Tisch. Aber wir rühren natürlich nichts an.

Bevor ich die Tropenwelt verlasse, möchte ich euch auf etwas aufmerksam machen, was ich ganz besonders mag: die Guckis.

Das sind kleine Gucklöcher, durch die man Dias betrachten kann. Sie sind an einem Zaun oder auch an einer Kiste angebracht. Siehst du in sie hinein, erfährst du, was man alles aus Palmen herstellen kann oder wie groß die Artenvielfalt der Otter ist.

Diese Guckis sind ein Trick, um unsere Neugier zu wecken. Schon als Kinder fanden wir es viel interessanter, durch ein Schlüsselloch zu spähen.

Gondwanaland ist auch so ein Blick durchs Schlüsselloch. Ein winzig kleiner Blick auf die Lebensader der Welt, die Tropen mit ihrem Regenwald. Sieht man all die Tiere und Pflanzen, dann bekommt man eine Ahnung, welcher Schatz uns da verloren geht, wenn wir ihn nicht schützen.

Der tasmanische Blick

Ich bin wieder im Freien und hab mir ein schattiges Plätzchen unter den Bäumen bei den Nasenbären gesucht. Umzingelt von Gruppen aller Art sowie größeren und kleineren Familien. Man raucht, isst, trinkt oder schaut sich auf dem Handy die Fotos an, die bereits gemacht wurden.

Ein Junge beugt sich bedrohlich weit über die Mauer des Geheges. Er trägt Kopfhörer.

Der Vater ruft: „Anton, geh dort runter!"

Anton geht nicht runter.

„Bist du schwerhörig?"

„Ja", antwortet die Mutter.

„Anton, nimm deine Hörmuscheln ab!"

Anton nimmt seine Hörmuscheln nicht ab. Er findet es nämlich total klasse, so über der Mauer zu hängen. Er mag jetzt überhaupt nicht auf seine Erziehungsberechtigen hören, und als die Mutter ihn runterzieht und eine Standpauke beginnt, setzt er das auf, was ich so oft im Zoo bei den Kindern in einer solchen Situation beobachte: den „tasmanischen Blick".

Dieser Blick wird eingeleitet durch Worte der Erwachsenen wie „Mein Fräulein …" oder im Fall von Anton „Alter Freund!"

Der alte Freund ist circa vier Jahre alt, hat große Kulleraugen und eine modische Frisur, wie sie der brasilianische

Fußballstar Neymar Jr. trägt. Offensichtlich sein Idol. Oder das seiner Eltern.

Wenn also die Standpauke beginnt, schalten die Kinder auf Durchzug. Sie schauen die Erwachsenen nicht mehr an, sondern lassen ihre Augen weit in die Ferne über Länder und Meere ans andere Ende der Welt wandern. Nach Tasmanien. Dort verweilt der Blick, bis zu Hause wieder Ruhe eingekehrt und das Gemecker vorbei ist.

Der tasmanische Blick signalisiert den Erwachsenen: Ich bin nicht vorhanden. Auf gar keinen Fall da, wo geschimpft wird!

Ich empfinde es immer wieder als absurd, wenn Eltern genau in diesem Moment ihre Kinder auffordern: „Schau mich an, wenn ich mit dir rede."

Geht ja nicht. Die sind ja gerade im schönen Tasmanien.

Die Sache mit der Angst

Aber nicht nur die Kinder müssen einiges über sich ergehen lassen. Die Tiere im Leipziger Zoo sind auch nicht immer zu beneiden. Ich behaupte sogar, dass einige psychische Probleme haben, weil die Menschen sie mit Kosenamen „quälen".

Vorneweg die Tierpflegerinnen und Tierpfleger. Da liegt zum Beispiel ein Mähnenwolf. Unverkennbar ein Wolf! Was sagt sein Pfleger? „Mein Hasi!"

Gern werden auch verwendet: Mäuschen, meine Kleene und meine Motte. Besonders kreativ finde ich: meine Micky Maus.

Die Besucher stehen dem in nichts nach. Einmal sah ich eine Mutter mit ihrem Kind vor der Geiervoliere stehen. Drinnen, direkt hinter den Gitterstäben, stellte sich Gänsegeierin Hannelore in Position und breitete bedrohlich ihre Schwingen aus. Mit ihren ausgefahrenen Flügeln schafft sie gut über zwei Meter.

Ich hörte mich innerlich sagen: Dem Vieh willst du nicht im Freien begegnen. Anders die junge Mutter. Sie zeigte auf den Aasgeier und rief: „Guck mal, ein Piepmatz."

Ich wurde das Gefühl nicht los, dass der Vogel frustriert war. Hannelore guckte, als wollte sie sagen: „Ich hack dir gleich die Augen aus."

Uns geht der Respekt vor den Tieren verloren, weil sie im Gehege sind und harmlos wirken. Wir wähnen uns sicher.

Die Tiere, denken wir, können uns nichts anhaben, und so werden wir übermütig.

Die Kinder machen zum Löwen: „Hua!" und frohlocken: „Komm doch mal raus. Los. Traust dich wohl nicht?"

Was sind wir mutig, wenn das gefährliche Tier weggesperrt ist. Aber man stelle sich vor: Wir stehen an der Haltestelle vorm Zoo und die Löwin Luena kommt angehechelt. Steht da und guckt uns an. Was machen wir da? Sagen wir: „Nu, meine Schnecke, willst du och in die Stadt?"

Robbi streift durch die asiatische Freiflugvoliere. Seine Eltern bekommen von dem kleinen Abenteuer ihres Sohnes, das sich gerade anbahnt, nichts mit. Sie unterhalten sich bei den Geiern mit einem Ehepaar.

Robbi ist fasziniert von dem Riesenkäfig und plappert mit dem Federvieh, das frei herumläuft.

Er zieht die Aufmerksamkeit eines „Insassen" auf sich. Der Vogel beginnt, den Jungen durch die Voliere zu begleiten, oder man kann auch sagen: zu verfolgen. Macht der Junge einen Schritt, hüpft der Vogel ihm hinterher. Schritt, Hüpf. Schritt, Hüpf. So geht das geht eine ganze Weile.

Robbi wird es unbehaglich. Er dreht sich blitzschnell zu dem Vogel um und sagt mit drohender Geste: „Ich habe keine Angst vor dir."

Da stehen jetzt beide Aug in Aug. Aber kaum läuft Robbi weiter, klebt sein Verfolger an ihm.

Schritt, Hüpf. Schritt, Hüpf.

Ihm wird mulmig und er verlässt die Voliere, bleibt aber davor stehen. Er ist mit dem Vieh noch nicht fertig und will nicht kampflos von dannen ziehen, nicht klein beigeben.

Der Vogel wiederum hat nun hinter der Tür Stellung bezogen und rührt sich nicht vom Fleck. Zwischen Federvieh und kleinem Mann, beide nur durch eine Tür voneinander getrennt, entsteht so eine Situation wie bei „Spiel mir das Lied vom Tod."

Es ist klar, einer muss hier dran glauben.

Robbi versucht es nun auf die liebe Tour und spricht durch die Tür: „Ich habe keine Angst vor dir."

Stille.

„Du bist doch kein böser Vogel, nein? Du bist doch lieb?"

Der liebe Vogel steht in Lauerposition.

„So, ich komme jetzt wieder zu dir rein."

Der Vogel bewegt nicht eine Feder.

„Ich komme jetzt. Ich weiß, du bist lieb."

Robbi öffnet die Tür zur Anlage und ruft siegesbewusst: „Wir wollen doch mal sehen, wer gewinnt!"

Sehen, wer gewinnt, kann man nicht. Aber hören. Es schreit aus der Freiflugvoliere, als hätte man eine Sau abgestochen. Die Eltern stürzen zu ihrem Sohn, der nun schreiend auf dem Weg steht. Taschentücher werden gereicht und auf die Wunde gelegt.

Ich glaube, Robbi ist nicht sehr verletzt. Das Vögelchen hat ihn maximal kurz gehackt. Ich denke, da weint einer, weil er innerlich verletzt ist, weil er sich unverstanden fühlt. Er wollte dem Vogel doch nichts Schlechtes. Nur mit ihm spielen, ihn vielleicht auch untersuchen, na ja, eine Feder als Souvenir …

Vielleicht wird er an diesem Abend vor dem Einschlafen noch mal an das „liebe böse" Huhn denken und davon träumen, wie er vor der asiatischen Freiflugvoliere steht und genussvoll einen Burger verdrückt: Chicken-Burger.

Auch Elefanten können baden gehen

Robbi ist in Sicherheit und ich gehe zu den Elefanten. Immer wieder wirkt dieser Ort auf mich magisch. Wenn man den Tempelberg hinaufsteigt, trifft man auf Buddha. Eine Skulptur, die bei den Besuchern sehr beliebt ist und vor der sich viele fotografieren lassen.

Die Kinder klettern sogar hoch und setzen sich unter „ihre" Gottheit. Gerade wird ein Junge zurechtgerückt. Er strahlt und scheint sich da oben sehr wohlzufühlen. Dazu gibt es asiatische Klänge, die aus Lautsprechern kommen, die hinter Bäumen und Sträuchern versteckt sind. Das alles ist ein kleiner, raffiniert gemachter Trick, der diesen Ort ein bisschen verzaubert und uns auf die Tempelanlage der Elefanten einstimmt. Hier gibt es ein tägliches Ritual, dem ich beiwohnen möchte.

In meiner Kindheit war der Freitag ein besonderer Tag. Da wurde nämlich gebadet. Meine Mutter schleppte eine eiserne Wanne in die Küche, auf dem Gasherd kochte in großen Töpfen das Wasser, und wenn es warm genug war, konnte ich plantschen. Das war immer zur gleichen Zeit. Freitagabend um sieben.

Die Elefanten im Zoo baden täglich viertel elf. Also nicht alle auf einmal. Aber wenigstens einer oder eine von der Herde darf oder muss ins lauwarme Nass.

Ein gigantisches Schauspiel beginnt. Ich staune mit den anderen Besuchern, wie diese schweren Tiere im Wasser schwimmen können, und wir gehen respektvoll in Deckung, als sich der große Körper der Glasscheibe nähert.

„Mutti, ist das der Vati von den Elefanten, der da badet?" fragt ein Mädchen.

Noch ehe die Mutti was sagen kann, antwortet ein Mann, mit liebevollem, aber auch belehrendem Unterton: „Das ist unsere Thrin, die Mutti von Voi Nam. Unser Bulle Naing Thein war gestern mit Baden dran."

„Na? Nachher noch'n Feierabend-Bierchen im Affenhaus, wenn die ganzen Spanner raus sind?"

Das kleine Mädchen schaut ehrfurchtsvoll auf den klugen Mann. Und weiß natürlich nicht, dass es an einen Zoofreak geraten ist, der hier fast jeden Tag aufschlägt.

Mir fällt allerdings etwas an seiner Antwort auf. Das Wort „unser" sagt etwas über die Leipziger und ihren Zoo. Es sind nämlich „unsere" Elefanten, „unsere" Schlangen, „unsere" Tiger und „unsere" Pinguine. Die haben wir alle persönlich per Kaiserschnitt zur Welt gebracht.

Nun könntet ihr einwenden: Ja, wir haben doch auch „unser" Gewandhaus und „unsere" Oper. Stimmt schon. Und jene, die Oper lieben, besuchen bestimmt auch den zoologischen Garten. Doch es gibt viele Menschen, welche die Oper meiden, jedoch gerne in den Zoo gehen. Und das macht den Ort so besonders. Hier finden sich alle ein. Egal, wo sie herkommen. Ob aus der Oberschicht, Mittelschicht oder Nougatschicht. So nenne ich die hübschen Teenies, die immer öfter im Zoo chillen.

Mit so einer Fangemeinde kann man nicht baden gehen. Das überlassen wir den Elefanten. Täglich viertel elf.

Ich finde, ich bin schon genug gelaufen und setze mich am Elefantentempel in die Sonne. Dieser Spätsommertag verwöhnt uns mit wohliger Wärme. Ich genieße die asiatischen Klänge, welche an mein Ohr dringen.

Sie werden unterbrochen von einer Durchsage. Ein Autohalter wird gesucht. Wortfetzen verraten mir, wer gemeint ist.

„Der Halter des PKW" – Kratzen in der Leitung – „mit dem Aufkleber ‚Rudolf an Bord', wird gebeten, ins Parkhaus zu kommen."

Da stürzt auch schon Rudolfs Frauchen an mir vorbei, und ich höre sie jammern: „Was haben die mit meinem Hund gemacht?"

Ich vermute, sie wird die nächsten Stunden mit ihrem Liebling irgendwo in Leipzig verbringen. Der Rest der Familie geht gelassen weiter. Wie heißt es so schön: Es war eine Erlösung für beide Seiten.

Am Teichcafé

„Kiara, was wird denn jetzt mit der Brezel? Du wolltest sie doch haben."

Papa hat sich auf der Terrasse des Teichcafés niedergelassen.

„Ja."

Papa hat die Brezel über einen Finger geschoben und schwenkt sie hin und her.

„Kiara, die Brezel ist ganz frisch und knusprig."

Kiara unterhält sich mit den Enten, die unweit vom Ufer gemächlich ihre Bahnen ziehen.

„Kiaraaaaa."

„La, la, la, la, la."

„Die Brezel schmeckt guuuut. Hm!!!! Lecker!"

„Na, wenn sie dir schmeckt, kannst du sie auch essen, Papa."

Und was macht der Papa? Er erfüllt seiner Tochter den Wunsch und verdrückt die Brezel. Obwohl er eigentlich viel lieber ein Stück Torte gegessen hätte.

„Hier war ich schon als Kind!" – diesen Satz hört man oft am Teichcafé. Es atmet Geschichte und Geschichten von Menschen vieler Generationen. Ein vertrautes Fleckchen Erde unzähliger Leipziger Familien.

Hier hat sich über die Jahrzehnte kaum etwas geändert. Hier trifft man sich zum Kaffeekränzchen, hier lässt man die Kinder toben, hier wird gequatscht und auch gefeiert. Kindergeburtstag zum Beispiel oder Klassentreffen, um sich an alte Zeiten zu erinnern. Die Terrasse mit dem Café, der kleine Teich mit dem schwimmenden Gefieder und die Ungezwungenheit des Freisitzes machen den besonderen Picknickplatz aus.

Finanziell dominiert die Mischkalkulation. Die sieht wie folgt aus: In der Plastikdose werden geschnippelte Äpfel, Möhren oder manchmal Bemmchen mitgebracht. Dann ergänzt man das mitgebrachte Futter mit Kaffee, Kuchen, Pommes oder anderen beliebten Leckereien von den Imbissständen. Das wird dann alles „gemampft", wie der Sachse sagt.

Ein Junge will gerade kleine Brötchenstücke in den Teich werfen.

„Apollo, du darfst die Enten nicht füttern. Steht doch da: „Please, do not feed!"

„Der Opa hat gesagt, dass er als Kind immer die Brötchen in den Teich geworfen hat, damit die Enten zu ihm rankommen."

„Das war vor hundert Jahren!"

„Ich bin doch noch keine hundert Jahre!", beklagt sich der Opa, der das mit anhören muss.

„Aber fast", lästert seine Frau.

Jetzt folgt die Rache. Der Opa wendet sich zum Enkel und sagt im scheinheilig lieben Ton: „Apolloleinchen, hier hat vor hundert Jahren die Oma den Opa das erste Mal geküsst."

„Das war schön", sagt die Omi arglos.

„Und seitdem", schiebt jetzt der Opa hinterher, „stehen den Krauskopfpelikanen die Haare zu Berge."

Diese Art Humor hat das harmonisch wirkende Pärchen wohl erfolgreich durch die Zeit getragen. Ich finde sie sympathisch. Und die Krauskopfpelikane, die auf der Mitte des Teiches zusammengekuschelt sitzen, liebe ich auch. Sie erinnern mich mit ihrem zerzausten Kopf an meine Bühnenfigur Moni. Die hat auch so eine aufgeplusterte Frisur.

Heute ist es am „Teichcafé" rammelvoll. Ich kaufe eine Tüte Pommes und suche mir einen Platz. Eben erheben sich an einem Tisch Leute. Ich sehe, da wird frei und werfe mich auf einen der Stühle. Um mich herum steht eine Großfamilie. Ich wundere mich, wieso die mich alle so komisch angucken.

Plötzlich baut sich vor mir die junge Frau auf, Typ Wikingerbraut, und sagt empört: „Das ist jetzt aber wirklich frech von Ihnen!"

Ich merke, die meint mich und schaue auf. „Die Leute sind extra für unsere Familie aufgestanden", sagt sie empört.

Die Omi der Familie versucht zu vermitteln und zeigt mir die volle Hand: „Mir sind fünfe."

Fünf Plätze waren auch am Tisch. Aber einen habe ich, dreist, wie mir unterstellt wird, belegt. Einfach so.

Ich stehe auf und entschuldige mich. Aber Wiki lässt das nicht gelten. Für sie bin ich eine Tussi, die ihrer Familie den Platz wegnehmen wollte.

Ich knuspere nun, einen Meter entfernt stehend, meine Pommes. Die Situation auskostend. Sie sollen ruhig das Elend der „Vertriebenen" sehen.

Wiki geht mit ihrer „Mutsch" – die Ähnlichkeit der beiden lässt nur diesen Schluss zu – zum Kiosk. Dem Mann wird befohlen, das Revier zu verteidigen, also mit den Kindern am Tisch zu bleiben. Nur halten sich die zwei Jungen nicht daran. Die hüpfen bei den Visaya-Pustelschweinen rum und jagen sich durch die Gegend.

So sitzt der Papa allein an einem Fünfertisch und ruft immer die Geschwister: „Setzt euch jetzt mal hin." Was er nicht sagt, aber in seiner Stimme liegt: „Die Mutti hat die Frau verjagt, jetzt müssen wir die Stühle auch besetzen."

Es dauert, bis die Frauen mit dem Essen zurück sind.

Ich könnte gehen, denn meine Pommes sind längst verdrückt. Aber ich warte auf Wiki. Sie kommt und ich verabschiede mich betont nett: „Es war keine böse Absicht!"

„Ist schon gut!", antwortet sie harsch.

Eigentlich würde ich gerne noch zum Mann sagen: „Du hast es auch nicht immer leicht." Aber ich halte meine Klappe und mache mich auf ins Pongoland.

Vorher schau ich noch mal bei den Tigern und Leoparden vorbei. Diese edlen Tiere nötigen mir allen Respekt ab. Mir wird immer mulmig, wenn die Tiger ihre Tatzen ins Wasser halten, als würden sie jeden Moment zu uns rüber schwimmen. Die Kinder finden das toll und machen einen auf starken Max. Sie fauchen wie die Raubkatzen und äffen deren Brüllen nach. Herrlich!

Ich könnte stundenlang zusehen, doch es ziehen dicke, schwarze Wolken auf. Zeit, ein Dach über dem Kopf zu suchen. Zeit für die Affenbande.

Pongoland

Wir kennen viele Wörter, die mit „Affen" beginnen. Affenzahn, Affenhitze, Affenschande, affengeil. Wir benutzen sie täglich. Haben wir eine Affinität zu den Affen? Jaaaaaaa!

Im Pongoland kann man erleben, wie sehr wir die Menschenaffen als Teil von uns betrachten. Ich wage sogar zu behaupten, dass manch einer seinen Bruder oder seine Schwester weniger als Verwandtschaft anerkennt als diese Primaten.

Viele ihrer Verhaltensweisen werden salopp mit dem menschlichen Leben verglichen, wie ich gerade wieder hören kann. An der Freianlage im Pongoland steht ein Pärchen mit seinem Sohn. Der hält vergeblich Ausschau nach den Affen und fragt: „Papa, warum sind die Affen nicht draußen?"

„Das sind Weicheiaffen, die bleiben lieber drinnen in der Wärme."

Einmal hörte ich, wie ein Mann seiner kleiner Tochter die Menschwerdung des Affen erklärte. Er sagte, auf einen Schimpansen zeigend: „So hat mal dein Opa ausgesehen."

Darauf hat sich die Kleine erschrocken und weinte. Ihr Opa ein Affe! – das war zu viel für ihre Seele.

Ein Glück, dass die Primaten nicht verstehen können, was uns bei ihrem Anblick alles in den Sinn kommt.

Männer müssen im Pongoland ständig herhalten. Besonders Gorilla Abeeku, der Silberrücken, dient als Steilvorlage.

So höre ich innerhalb von zehn Minuten zwei Frauen zu ihren Kindern sagen: „Hier geben wir den Papa ab."

Mit dem Pongoland hat bei mir alles begonnen. Ich habe den Zoo immer gemocht. Da ich aber viele Jahre außerhalb Leipzigs wohnte, waren meine Besuche selten.

Dann zog ich vor einigen Jahren zurück in die Stadt und hatte ihn nun um die Ecke. Vier Wochen nach meinem Umzug, es war ein Sonntag im Februar, ging ich in den Zoo. Als ich ihn wieder verließ, hatte ich eine Jahreskarte in der Tasche und im Herzen meine Liebe für Pongoland. Trotz großartiger Attraktionen wie Gondwanaland oder dem Leoparden-Tal bin ich ein treuer Fan der Menschenaffen.

Mich beeindruckt, wenn die Schimpansen laut schreiend wie eine wild gewordene Horde durch die Anlage jagen. Dann denke ich sofort an meine Schulzeit und den Lärm, den wir in der Pause im Klassenzimmer gemacht haben, wenn wir über Bänke und Stühle gesprungen sind.

Oder wie ein Schimpanse auf einem Ast liegt und dort gemütlich pennt. Das gehört mit zu den am meisten fotografierten Motiven. Und einen Mann höre ich gehässig sagen: „Der Ast, wo der Affe drauf liegt, den tät ich jetzt gern mal schütteln."

Vor dem Gorillagehege ist plötzlich ein Menschenauflauf. Diara, unser kleines Gorillamädchen, wühlt sich gerade aus

Menschenaffenbetrachtende Menschenbetrachtung

dem Stroh und kommt auf wackligen Beinen an die Scheibe zu den Besuchern. Alle machen „Ah" und „Oh" und sind begeistert.

Ein kleines Mädchen, nur ein paar Monate älter als Diara, löst sich von der Hand der Mutter und geht mit ebenso wackligen Beinen zur Scheibe. Da stehen sie sich nun gegenüber. Zwei Neuankömmlinge auf dieser Welt. Menschenkind und Gorillamädchen. Sie betrachten einander neugierig. Die Hände fast auf gleicher Höhe, nur durch die Scheibe getrennt.

Es ist ganz still geworden. Lediglich der Regen, der nun auf das Dach trommelt, ist zu hören. Wir schauen alle gebannt auf diese zwei Wesen. Halten inne und staunen.

Dann höre ich, wie die Leute anfangen, über Jengo zu reden. Unseren kleinen Gorillajungen, der mit nur einem halben Jahr eines Morgens tot in den Armen seiner Gorilla-Mama Kibara lag.

Das ist nun schon eine Weile her. Dennoch, die Besucher erinnern sich an den lebendigen Affenjungen, der schon früh allein das Gehege erforschte. Zur Freude aller, denn er war drollig anzusehen und eroberte unsere Herzen im Sturm. Eine Frau sagt: „Bei meinem Schwager war das genauso wie mit dem Jengo. Der war total fit und kräftig. Und eines Tages, bumm, ist er umgefallen und war einfach tot."

Dann seufzt sie: „Es geht halt den Affen wie den Menschen."

Plötzlich gibt es Getobe und Geschrei bei den Schimpansen. Was ist der Grund der Aufregung? Es gibt Futter! Die Affen klatschen auffordernd in die Hände, um dem Tierpfleger klarzumachen, dass sie von den Früchten etwas abhaben wollen. Einer reckt immer den Arm in die Luft, damit man ihn ja nicht übersieht. Als würde er sagen wollen: Hier bin ich! Los, schieß die Äpfel her! Dieser Affe erinnert mich an meinen englischen Fußballstar. Der hebt beim Spiel auch genauso den Arm, um anzuzeigen, dass er den Ball will, um ein Tor zu machen.

Mit Futter kann man Affen und Menschen gleichermaßen eine Freude bereiten und einige Dinge des Lebens positiv beeinflussen.

Eine erfahrene und kluge Frau sagte mir mal: „Wenn ich etwas mit meinem Mann klären möchte, kriegt der vor dem Gespräch immer erst einmal ein leckeres Essen. Dann ist der satt und frisst mir aus der Hand."

Hört sich banal an. Ist aber erfolgreich.

Übrigens, das Futter der Menschenaffen esse ich auch sehr gerne. Melonen, Bananen, Weintrauben, Chicorée, Äpfel, Gurken, Walnüsse, Salat, Kiwi. Für zwischendurch gibt es Knäckebrot, Rosinen und Pellets. Die sind jetzt nicht unbedingt der Kracher, aber wenn ich einige Müsliriegel sehe, finde ich keinen großen Unterschied.

Der Zoo hatte mal so eine Tagesration der Menschenaffen ausgestellt und ich überlegte mir, ob man sich das zu DDR-Zeiten getraut hätte. So eine opulente Auslage an exotischen Früchten! Auf alle Fälle hätte sich eine Menschenschlange gebildet.

„Mutti, gehn mir jetzt bei die Orangen?"

Gemeint sind die Orang Utans. Bimbo, ihr Chef, hat sich komplett unter ein Stück Papier gefaltet. Nur seine Augen gucken hervor und rollen, den Clan und die Besucher beobachtend, hin und her. Die Orangs lieben Papier, weshalb ich sie auch „The Paper Family" nenne.

Ein Mann kommentiert: „Der Bimbo sieht unter dem Papier aus wie ein Obdachloser!"

Ich habe eher den Verdacht, dass er sich mit dem Papier vor dem Krach des Regens verkriecht, der immer stärker auf das Dach von Pongoland niederprasselt.

Die Orangs haben für mich etwas Besonderes. Im Theater würden wir sagen: sie haben etwas Tragikomisches. Einerseits sind sie mit ihrem zotteligen Fell sehr witzig anzusehen. Besonders Bimbo erinnert mit seinem verfilzt anmutenden „Kostüm" an ein großes lustiges Ungeheuer. Andererseits berühren mich ihre klaren Gesichter, die ein ernstes Wesen haben.

Ich mag sie sehr und habe immer meine Freude, wenn sie sich an Seilen entlang hangeln und akrobatische Einlagen geben. Heute allerdings hängen sie einfach ab.

An der Scheibe vor der Möhrenbox haben viele Leute Platz genommen. Meist kann man beobachten, wie clever die Affen das Futter angeln.

Jetzt aber erleben wir, wie ein kleiner Orang Utan am ganzen Körper gehegt und gepflegt wird. Er wird penibel an allen nur denkbaren Stellen abgeleckt. Unter uns Besuchern kehrt Ruhe ein. Der Kleine schaut verträumt zu uns, während ihn seine Mutter zärtlich verwöhnt. Alle sind beeindruckt von dieser Harmonie, die zu uns rüber schwappt.

Wir Besucher kennen einander nicht. Nur der Zoobesuch hat uns hier zusammengeführt und doch spüren wir in diesem Ritual der Menschenaffen eine gemeinsame Nähe.

Wenn die Primaten sich aneinander gekuschelt „lausen" (groomen), denke ich immer an meine jüngere Cousine, die mich leidenschaftlich gern kämmte. Sie stand bewaffnet mit einem großen Kamm vor mir und fragte: „Spielen wir Friseur?" Dann startete sie den Angriff auf meine Haare.

Das hat gezogen auf meinem Kopf! Aber ich blieb demütig, weil es so schön war, wenn sie mir mit ihren kleinen Händen über den Kopf strich oder diese ins Gesicht patschte. Sie war dicht bei mir und gab mir das Gefühl, dass sie mich mag. Auf eine so entwaffnend ehrliche Art, wie sie den kleinen Kindern eigen ist.

Schlimm war allerdings unser Onkel Hans dran. Er hatte nur drei Haare, und wenn meine Cousine mit ihm Friseur spielen wollte, gab es immer Gaudi. Am Ende ließ er sie gewähren, auch wenn er dann mehrere Stunden mit Striemen auf dem Kopf herumgelaufen ist.

Der Regen hat inzwischen aufgehört – es war nur ein Sommerschauer – und ich verlasse Pongoland. Wissend, dass ich eine Gruppe der Primaten noch nicht genannt habe: Die Bonobos! Ihre Geschichte erzähle ich euch nicht! Jetzt noch nicht. Erst am Schluss des Büchleins.

Mir kommt ein kleiner Junge mit seinem Vater entgegen, der ebenfalls die Affen in der Freianlage vermisst. Auch er stellt fest: „Papa, die Affen sind gar nicht draußen."

Er bekommt eine altersgerechte Antwort:

„Ja, und weißt du auch warum? Bei den Affen war nämlich schon der Sandmann."

So machen wir uns für die Kinder zum Affen. Und wir tun das meistens sehr gerne.

Die besondere Reinigungsarmee

Im Urwald-Dorf geht es im wahrsten Sinne des Wortes urig zu. Man kann auch sagen: locker. Der Vorteil aller „Knabberstationen" im Zoo ist, dass die Kinder immer etwas zum Spielen in der Nähe finden. Haben sie ihre Currywurst gegessen, laufen sie zum Kletterwald und tun es den Affen nach. Kinder wollen nachahmen und beschäftigt sein.

Das weiß auch eine junge Familie, die ihre kleine Tochter den Tisch „aufräumen" lässt. Sie geben dem Mädchen immer kleine Fetzen von Schokoladenpapier in die Hand, und dieses schafft sie dann zum Papierkorb. Dabei amüsieren sich ihre Eltern besonders über die Unbeholfenheit des Sprösslings.

„Wer macht eigentlich den Zoo sauber?", höre ich jetzt die Frau ihren Mann fragen. Dieser zuckt mit den Schultern und sucht nach einer Antwort.

„Eine große Firma, die auch die richtigen Maschinen hat. Vorhin habe ich auch Leute gesehen, die Papierreste einsammeln."

Stimmt. Ich habe allerdings noch eine andere Reinigungsarmee ausfindig gemacht.

Die stelle ich euch jetzt vor. Es sind Tiere. Plüschtiere Glaubt ihr nicht?

Also, die Kinder tragen doch bis zu einem bestimmten Alter mindestens ein Plüschtier mit sich herum. Sie halten es in der Hand, drücken es in den Arm, hängen es sich um den Hals oder lassen es aus dem Rucksack gucken.

Dabei wundern wir Erwachsenen uns manchmal über das Auswahlprinzip der Kinder. Denn einige Plüschtiere sehen regelrecht hässlich aus. Da fehlt ein Auge, der Schwanz ist angeknabbert oder sie sind schon mehrfach geflickt. Oft sind sie dreckig, weil sie unbedingt mit in den Sandkasten müssen. Nur nachts kann man Plüschi in die Waschmaschine stecken, weil das Kind tagsüber das „Auserwählte" nicht aus der Hand gibt.

Auf jede noch so kleine Reise geht es mit und wehe, es wurde zu Hause liegen gelassen. Hilfe!

Wie viele Familien mussten mit dem Auto noch mal umkehren, weil mitten auf der Strecke der laufende Meter schrie, dass Fridolin, der Plüschhase, noch auf dem Schuhregal sitzt! Hätte die Familie Oma und Opa vergessen, wäre das vielleicht gar nicht aufgefallen – aber Fridolin!

So bringen viele Kinder auch in den Zoo ihr Plüschi mit. Und wenn sie große Augen machen und dazu charakterlich schwache Eltern haben, bekommen sie noch ein neues im Zooshop gekauft. Spätestens beim Gondwanaland setzen diese Kinder ihren Rundgang mit einem nagelneuen Stofftier fort.

Am Anfang halten es die Kinder noch krampfhaft mit beiden Händen fest und drücken es an sich. Mit der Zeit aber werden ihnen die Arme schwer. Sie werden länger und länger und irgendwann schleifen die Kinder nun ihre Plüschtiere die Wege lang. So kehren Teddy, Orang Utan, Gibbon oder Boa den Zoo. Sie sind für mich die ungewöhnlichste Reinigungsarmee, die ich kenne.

Ganz schlimm dran ist der große, rosarote Flamingo. Sein „Gefiederpelz" hat sich am Ende des Tages in ein fröhliches Grau verwandelt. Aber das tut der Liebe keinen Abbruch. Hauptsache, man kann ihn ans Herz drücken.

Eine bekannte Stimme dringt an mein Ohr.

„Robbi, höre auf, lass die Ziegen in Ruhe."

Robbi steigt gerade in den Streichelkral und sucht wieder die nähere Bekanntschaft mit einem Tier.

Robbi wird von seiner Mutter daran gehindert. Das Theater in der Freiflugvoliere ist noch nicht vergessen.

„Ich will doch nur mal die Damara-Ziegen streicheln", bettelt er.

„Nein", sagt auch der Vater.

Und ich denke, er hat Angst um seinen Sohn. Aber die Antwort lautet: „Weißt du, wie du hinterher stinkst?"

Streichelkral fällt also aus. Robbi weiß aber schon, wo er jetzt hin will. Er schmeißt seinen ganzen kindlichen Charme in die Waagschale.

„Vati, gehn mir jetzt bei die Giraffen?"

Der Vater holt tief Luft.

„Robbi, wie oft habe ich dir schon gesagt, das heißt nicht ‚bei die Giraffen‘, sondern ‚zu die Giraffen‘. Mensch, merke dir das nun langsam mal."

Stille Örtchen

Auf dem Weg zur Kiwara-Savanne, dem Domizil der Giraffen, kommt man an einem stillen Örtchen vorbei. Es gibt sie natürlich überall im Zoo. Größere, kleinere. Aber manche sind besonders schön, weil sie ein bisschen versteckter sind.

Also, ich rede nicht von den Toiletten. Denn diese sind nicht wirklich stille Orte.

An Tagen mit viel Besucherverkehr wird das besonders deutlich. Im Minutentakt gehen die Türen der Toiletten auf und zu. Ein Mensch kommt raus und ein anderer Mensch geht rein.

Denkst du dir die Türen weg, dann sitzen wir alle wie Vögel auf der Stange.

Außerdem, so richtige Türen, die bis zum Fußboden gehen, sind das eigentlich gar nicht. Mich erinnern sie an Umkleidekabinen von Klamottenläden.

Warum das so konstruiert wurde, kann man nur ahnen. Vielleicht, um abhanden gekommene Familienmitglieder wiederzufinden. Die Beine, die man sehen kann, verraten, wer wo ist.

Einmal, als ich auf die Toilette ging, kroch ein kleines Mädchen vor meinen Füßen herum. Ich schaute etwas verwundert. Sie hob den Kopf und sagte: „Ich suche meine Schwester." Sie wurde fündig.

Nein, was ich mit den stillen Örtchen meine, das sind die kleine Oasen im Grünen, mit Bänken, wo der Mensch ein Rückzugsgebiet hat. Wo Pärchen sich küssen, ältere Menschen sich ausruhen oder eine Familie ihre Verpflegungsbeutel auspackt.

Ich kenne ein ganz besonders lauschiges Plätzchen. Wenn man nämlich bei den Leierhirschen vorbeigeht, stößt man auf den Okapiwald. In der kleinen Besuchernische ist man manchmal ganz für sich. Und wenn man Glück hat, sieht man das Okapi. Dieses schöne, elegante Tier macht sich oft rar. Aber heute zeigt es sich, steht da und schaut ganz ruhig, aber konzentriert auf das lauschige Plätzchen.

Was hat es entdeckt? Jetzt sehe ich es auch. Eine junge Mutter sitzt auf der Bank und stillt ihr Baby. Unbemerkt von den vielen Besuchern. Die Szene wirkt wie ein Idyll. Ein seltener Anblick. Da muss man sich ganz ruhig verhalten, damit das Baby beim Trinken nicht gestört wird, die Mutter entspannen kann und das Okapi nicht wegläuft. Pscht…

Ich schleiche mich davon. Doch leider wird es gerade sehr laut.

„Maddox, es reicht!" Vater und Mutter stehen vor ihrem Sohn, der so wütend ist, dass alle anderen Besucher respektvoll einen Bogen um ihn machen.

„Ich will noch mal auf dem Kamel reiten!"

„Will geht gar nicht!", kommt die klare Ansage des Vaters.

Maddox „will" dieses Mal mit Erika eine Runde drehen und versucht nun auf tyrannische Art, seine Eltern weich zu klopfen. Diese aber bleiben hart.

„Du warst doch schon auf dem Klaus und auf dem Manfred!", verteidigen sie sich. Maddox lässt das nicht gelten und wühlt mit seinen Schuhspitzen den Weg auf. Weinend schreit er: „Auf der Erika wäre es bestimmt viel schöner gewesen!"

Dass seine Eltern über diesen Kommentar auch noch feixen, bringt ihn noch mehr in Rage. Würde man dieses vor Wut kochende kleine Wesen in eine Tonne Monster Slush tauchen, das Eis wäre sofort geschmolzen.

Es braucht seine Zeit, bis Tyranno-Maddox sich beruhigt hat. Die nächsten hundert Meter jedenfalls geht er allein mit Riesenabstand zu seinen Erziehungsberechtigen, so als würde er sie nicht kennen und zur Adoption freigeben. Später läuft er wieder friedlich in der Mitte. Bei beiden an der Hand.

So ist das mit dem Nachwuchs. Er kostet Nerven, und die Liebe der Eltern wird von Geburt an auf eine harte Probe gestellt. Umgekehrt allerdings auch.

Die Liebe zu den Jungtieren

Als Herzogin Kate ihr erstes Kind zur Welt brachte, verkündeten dies weltweit alle Medien und auf den Londoner Leuchtschriftreklamen konnte man lesen: „It's a boy."

Wenn im Zoo ein Jungtier zur Welt kommt, können wir nicht immer gleich erfahren, ob das ein Junge oder Mädchen ist. Aber der Medienrummel ist auch sehr royal.

Nichts interessiert die Zooliebhaber mehr als der Nachwuchs. Kinder und Erwachsene sind gleichermaßen beeindruckt und rufen entzückt: „Ein Baby!", wenn ein Junges im Gehege gesichtet wird.

Nichts rührt uns Menschen mehr als das kleine große Wunder des Lebens.

Wir sind verzaubert, wenn wir zuschauen können, wie ein Muttertier seinen Nachwuchs präsentiert. Eine ganze Nation schmilzt dahin: „Och, sind die niedlich!"

Wie lieben wir die weichen Tatzen der Tigerbabys, die Murmelaugen kleiner Otter, das samtene Fell des Przewalskipferdes und die Pünktchen, die Schabracken-Tapir Kedua auf seinem Fell durch die Gegend trägt.

Der Anblick einer harmonischen Mutter-Jungtier-Beziehung weckt in uns tiefe, elementare Gefühle. Wie wunderbar zu sehen, wenn ein Wesen das andere beschützt.

Diesen Beschützerinstinkt tragen die meisten von uns auch mit sich herum. Nur zeigt er sich mit den Jahren anders. Fällt ein kleines Kind hin, dann heben wir es auf und streicheln es: „Alles wieder gut, meine Süße?"

Bei einem Ehepaar, das schon eine Weile miteinander lebt, zeigt sich die Fürsorge etwas anders. Wenn die Frau stürzt, ruft der Mann: „Gucke, wo du hinläufst!"

Wir bibbern mit den Tierpflegern, dass ja alles gut gehe mit der Geburt. Nichts entgeht uns. Alle Fans bringen sich immer auf den neusten Stand. Wie bei den Royals. Und wenn dann endlich die Geburt verkündet wird, drücken wir uns sofort vor dem Gehege herum, nur um ein Stück Fell oder eine Flosse vom Neuankömmling zu erhaschen.

Und was für eine Enttäuschung macht sich breit, wenn der Nachwuchs sich nicht sehen lässt!

Es war im Januar 2013. Ein kleiner Bonobo kam zur Welt. Das süße Äffchen wurde in allen Medien gezeigt. Ich lief also, wie viele andere, in den Zoo, um mir das Neugeborene anzuschauen. Vergebens! Ich war traurig und mit mir auch ein kleiner Junge. Er suchte mit sehnsüchtigen Augen die Anlage ab und wartete geduldig. Seine Mutter versuchte ihn zu trösten.

Sie zeigte auf einen Bonobo, der auch noch klein, aber eben kein Neugeborener war. „Guck mal, hier ist auch ein Baby."

Doch der Junge antwortete nur betrübt: „Ja, aber es ist kein frisches!"

Giraffenhaus

Im Giraffenhaus sind viele Besucher, denn auch hier kann man Jungtiere besichtigen. Die Leute sind begeistert.

Ein Mädchen stellt sich unter die Kinder-Giraffen-Größen-Mess-Station und ruft freudig: „Ich bin wieder gewachsen!"

Danach misst sich ihr Opa: „Ich bin wieder geschrumpft."

Es ist normal, wenn der Körper mit zunehmendem Alter etwas nachgibt. So lange es nicht unsere Seele ist, die schrumpelig wird.

Die kann nämlich immer wachsen. Besonders dann, wenn wir nicht zulassen, dass die bitteren Momente uns auffressen. Wenn wir Freude am Leben haben. Kinder können dabei die Hauptrolle spielen.

Wenn ich zum Beispiel in melancholischer Stimmung bin, gehe ich in den Zoo. Ich betrete ihn und es reicht, dass ein paar Knirpse, diese Sonnenblumen auf zwei Beinen, vor mir herumspringen. Schon geht es mir besser.

Robbi, der sich nun auch im Giraffenhaus tummelt, stellt sich ebenfalls unter die Mess-Station. Das Ergebnis ist für ihn ernüchternd: „Ich bin kein Stück gewachsen!", beklagt er sich bei seinen Eltern.

„Du warst erst vor vierzehn Tagen hier", erinnert ihn sein Vater. „So schnell geht das nicht. Du bist doch kein Schnittlauch, wo man zugucken kann, wie der wächst."

Nichts wollen Kinder mehr, als ganz schnell groß und erwachsenen sein. Da kann man dann wenigstens machen, was man will. Denken sie.

Robbi jedenfalls mag sich so gar nicht damit abfinden, dass er keinen Zentimeter zugelegt hat.

„Ich will so groß sein wie eine Giraffe."

„Dann müssten wir das Futter für dich jeden Tag mit der Leiter am Kronleuchter anbringen."

„Aber ich wäre der Allergrößte auf der Welt."

„Schatz, für uns bist du der Allergrößte", sagt die Mutter, „und damit du noch ein bisschen schneller wächst, gibt es jetzt Mittagessen."

Feixend ergänzt der Vater: „Wenn du aber willst, Robbileinchen, frage ich den Tierpfleger, ob wir für dich eine Fuhre Heu bekommen. Hm, lecker!"

Sie verlassen, nun wieder in guter Stimmung, das Giraffenhaus und nehmen Kurs auf die Kiwara-Savanne. Ich folge ihnen … unauffällig.

Kiwara-Savanne

Die Kiwara-Lodge ist ein herrlicher Ort, um zu entspannen. Umgeben vom afrikanischen Flair fühle ich mich als Kolonialherrin. Wie im Film „Jenseits von Afrika". Jeden Moment kann Robert Redford um die Ecke kommen und sich in mich verlieben. Aber es kommt nicht Robert Redford, sondern Robbi. Er schleppt ein Tablett mit Menschenfutter und seine Mutter ruft wieder: „Pass off!" Das macht sie offensichtlich zu ihrer eigenen Beruhigung, denn Robbi bringt alles heil an den Tisch und ist stolz, wie er das voll beladene Tablett an den vielen Menschen vorbeijongliert hat.

Auch Kiara und ihr Papa sitzen gleich neben mir. Vor dem Mädchen steht ein Teller mit Kartoffelsuppe. Noch fast voll.

„Süße, iss das jetzt mal bitte auf."

Die Süße hat eigentlich nichts gegen die Suppe. Nein, sie hat nur keine Zeit zu essen. Sie staunt über die vielen Tiere in der Savanne. Über die Zebras, Antilopen und Strauße. Außerdem muss sie die Krähen und Spatzen vertreiben, die überall herumhüpfen und frech über die Tische laufen.

„Kiara, mach hin, die Suppe wird kalt!"

„Papa, guck mal, die Giraffen haben einen ganz weichen Mund. Und eine ganz lange Zunge. Was machen die damit?"

„Popeln."

„Gar nicht wahr."

„Doch, es gab sogar mal ein Plakat, da stand drauf: ‚Giraffen popeln mit der Zunge'."

„Ich pople mit den Fingern."

„Du bist ja auch keine Giraffe."

„Nein, ich bin Kiara, die kleine Löwin. Hua!"

„Komm, lenk nicht ab und schlabber jetzt deine Suppe."

Kiara nimmt eine Löffelspitze. Dabei schaut sie fasziniert auf die Giraffen, die nun majestätisch an ihr vorbeiziehen.

„Papa, kriegen die auch Kartoffelsuppe?"

„Wie kommst du denn darauf?"

„Na ja, dann könnte ich ihnen meine schenken, damit du die nicht aufessen musst!"

In Kiaras Gesicht zeigt sich so etwas wie Mitleid mit ihrem Vater.

„Du darfst hier gar nicht füttern. Dafür sind die Pfleger da, weil die genau wissen, was ein Tier braucht, damit es gesund bleibt und nicht stirbt."

„Heißt das, wenn du meine Suppe isst, dann stirbst du?"

„Nein, ich sterbe nicht. Aber ich bekomme einen dicken Bauch."

„Wie Mama?"

„Wie Mama. Nur, dass bei Mama ein Baby im Bauch ist und keine Kartoffelsuppe."

Dann erbarmt er sich und zieht den Teller zu sich. Kiaras Vater steht für viele Männer, die ich hier im Zoo beobachte. Ich denke, es ist an der Zeit, für sie eine Lanze zu brechen.

Die Väter

Eine Bekannte von mir charakterisierte Männer einmal so: „Für Männer gibt es nur Fressen, Saufen und Sex."

So was kann nur jemand sagen, der nicht oft im Zoo ist. Dort nämlich zeigen sich die Männer als Väter oder Opas von ihrer Schokoladenseite.

Das andere Geschlecht, so kann ich beobachten, vermittelt gerne Wissen. Besonders die kleinen Kinder profitieren davon. Oft sitzen sie auf der Schulter vom Papa. Mit ihren kleinen Händen krallen sie sich in den Haaren oder an der Glatze des Vaters fest und lassen sich die Welt der Tiere erklären. Sie erfahren, warum die Elefanten beim Baden immer so große Haufen machen, die Affen sich auf die Brust trommeln oder warum bei den Seepferdchen der Papa das Baby bekommt.

Die Kinder sind zufrieden, weil man Zeit für sie hat. Noch wird keine Frage abgetan mit den Worten „Kannste nicht lesen? Steht doch hier."

Noch gibt es nicht nur eine SMS als einziges Lebenszeichen. Noch ist tiefe Hinwendung angesagt.

Einmal erlebte ich, wie ein junger Vater versuchte, seinen schreienden Säugling zu beruhigen. Er trug ihn in einem Brusttuch, redete ihm sanft zu und war verzweifelt, weil er nicht wusste, was dem kleinen Menschen fehlte.

Das Weinen konnte man im halben Zoo hören. Das ging

mir ans Herz, aber noch mehr die Bemühungen des Vaters, das Kind zu trösten.

Endlich, nach einer Stunde, schlief das Kleine selig kuschelnd an der Brust des Vaters ein.

Wenn man das sieht, dann denkt man, es gibt gar keine lieblosen Väter. Das stimmt natürlich nicht. Aber die gehen nicht in den Zoo. Die balancieren nicht mit ihren Kindern über die Hängebrücke vom Gondwanaland, halten keine Vorträge über die Schwangerschaft der Kängurus und malen mit ihren Kindern auch keine Tierbilder, die später der Mama geschenkt werden.

Die Liebe zu den Kindern ist so eine Art Urtrieb. Sie ist völlig unabhängig davon, ob du vermögend bist und ein großes Haus hast oder ob du in einer Wohnung lebst, bei der der Staat zuzahlen muss, weil das Geld für den Unterhalt nicht reicht.

Vor einiger Zeit beobachtete ich eine Familie. Dem jungen Vater, der einen durchtrainierten Körper hatte, fehlte eine Hand. Er kümmerte sich rührend um seinen Sohn. Er hievte ihn mit Geschick auf einen Spielkran und zeigte geduldig, wie er funktioniert.

Wo mag er seine Behinderung herhaben? Angeboren, Unfall oder militärischer Einsatz?

Kriegsverletzungen kann man heute bei einem behinderten Menschen nicht mehr ausschließen. Weltweit nehmen die militärischen Auseinandersetzungen zu. Mit ihnen auch die jungen Kriegsveteranen.

Bei dem Gedanken bekomme ich Wut, Wut über die Machthaber weltweit, die kein anderes Mittel als Krieg zulassen. Diese geistige Schmalspur gewaltsamer Auseinandersetzungen, die sich über den Globus zieht, frustriert mich zutiefst.

Die Väter, Opis oder Onkels, die ich im Zoo beobachte, haben, da bin ich sicher, null Bock darauf, eine Waffe in die Hand zu nehmen.

Erhielten diese Männer einen Marschbefehl, um in fremden Ländern einen sinnlosen Kampf zu führen, ich verspreche euch, die machten spätestens in Schkeuditz kehrt, weil sie sonst umkämen vor Sehnsucht nach ihren Kindern oder Enkelkindern.

Hier bekommt das Sprichwort „Mit diesen Männern ist kein Krieg zu gewinnen" eine wunderbare Bedeutung!

Eine Papa-Würdigung besonderer Art erlebte ich mal im Zoo zum Muttertag: Es herrschte Mama-Party-Stimmung. Nur für die guten Muttis! Das ist wichtig für das Merchandising. Ein Zuckerherz, wo drauf steht „Mutter, ich hasse dich!" kauft ja keiner.

Also, im Zoo sah man nur die „allerliebsten Muttis" versammelt. Einige Frauen trugen T-Shirts mit den Fotos ihrer dankbaren Kinder. Andere wiederum hatten gebackene

Herzen um den Hals mit Sprüchen wie: „Mama, du bist affengeil!" oder „Mama, ich habe dich zum Fressen gern!" Durch diese Szenerie schob ganz unaufgeregt ein Mann von circa fünfzig Jahren seinen alten Vater im Rollstuhl spazieren. Dieser trug auch ein großes Herz um den Hals. Darauf stand nur ein Wort: „PAPA".

Eigentlich würde ich gerne noch eine Weile bei der Kiwara-Savanne bleiben, aber die Zeit schreitet voran und ich habe noch einige Stationen vor mir.

Food of Modern Art

An der Löwenanlage steht eine Menschentraube. Wir dürfen wieder eines dieser vielen Kunstwerke bewundern, die man sich hier einfallen lässt, um die „Fresserei" zu einem „Event" werden zu lassen.

Ein Stück Fleisch wird nicht nur so hingeworfen. Nein, mit Kürbissen, Melonen, Möhren und vielen andere Utensilien werden Meisterwerke der bildenden Kunst geschaffen. Die Kreationen sind oft so witzig und fantasievoll, dass eine Ausstellung mit diesen Exponaten längst überfällig ist.

Vielleicht im Museum of Modern Art in New York? Na gut, das Museum der Bildenden Künste in Leipzig würde mir auch gefallen. Ich prophezeie euch, der Publikumsstrom wäre gigantisch. Ich habe auch schon einen Titel für die Ausstellung, den ich bei den Besuchern abgelauscht habe: „Das Auge frisst mit!"

Zuchtgedanken

Vom Wasserfall neben dem Löwengehege höre ich ein lautes Stöhnen: „Aaaaaach, tut das gut!" Als ich näher komme, sehe ich die schöne Mandy mit ihrem Freund. Sie hat ihre High Heels ausgezogen und hält nun ihre Füße unter das Wasser.

„Aaaaaaaaaaaaach!"

„Warum ziehst du auch solche Dinger an?"

Ganz kleinlaut antwortet sie: „Weil du die so magst."

Dann wird sie ganz lange geküsst, so sehr, dass ich fast rot und neidisch werde.

Wären sie Tiere, würde die Presseabteilung vom Zoo die Nachricht posten: „Zuchtprogramm erfolgreich angelaufen."

Übrigens, Zuchtprogramme zeigen uns Menschen, wie unvollkommen wir sind. Während die Tiere, welche sich paaren sollen, mit viel Sorgfalt und nach wissenschaftlichen Kriterien ausgesucht werden, irren wir Menschen oft in der Partnerwahl. Wir hören auch nicht auf die Erfahrung der Älteren, die solche Sätze sagen wie: „Nimm die nicht. Die hatte in Mathe immer eine Fünf." Oder „Der ist faul. Die ganze Familie besteht nur aus Faultieren." Oder: „Bist du verrückt? Diese Hyäne!"

Bei der Partnerwahl hat der Verstand manchmal die schlechteren Karten. Wir Menschen sind eigentlich Irrtümer auf zwei Beinen. Unsere Art zu erhalten bedeutet oft: sich durchs Leben zu wurschteln.

Mandy und ihr Freund wirken allerdings wenig „verwurschtelt". Das sind zwei, die in erster Linie mit Hauptsätzen auskommen. Sie brauchen wenige Worte, um zu sagen, was sie wollen. Vielleicht sehe ich sie in einem Jahr mit Kinderwagen im Zoo. Wer weiß!

Pfiffige Erdmännchen

Nun bin ich bei den Erdmännchen angekommen. Da ist immer was los. Im Theater würden wir sagen: ausverkaufte Hütte. Die Kinder stehen dicht gedrängt, und wer Glück hat, sitzt oben auf der Mauer.

Mandy und ihr Freund sind inzwischen auch eingetroffen. Sie hat ihre Füße wieder in ihre High Heels gequetscht. Diese Schuhe sind mir ein Rätsel. Und nicht nur mir. Hinter der Scheibe steht ein junges Erdmännchen und schaut gebannt auf die Absätze, die fast so hoch sind wie es selbst. Da fehlen nur wenige Zentimeter.

Mandy bemerkt nicht, dass dieses winzige Tier sich mit ihrem Schuhwerk beschäftigt. Sie lauscht der Kommentierung des Tierpflegers. Er berichtet gerade vom Freiheitsdrang der Erdmännchen. Einmal sind sie nämlich ausgebrochen und stellten sich dann witzigerweise neben die Besucher, um mit denen gemeinsam in das leere Erdmännchengehege zu schauen. Sie sollen es bei einem ihrer Ausflüge sogar bis zum Pongoland geschafft haben. Dort warteten sie auf die Besucher, weil sich nur so die automatische Glastür öffnet. Scherzkekse.

Ihrem Freiheitsdrang wurde ein Ende gesetzt. Die Anlage ist wohl jetzt ausbruchssicher.

Das Erdmännchen, das Wache hält, ist der Star. Aufrecht stehend auf dem Gipfel, kontrolliert es alles um sich herum. Der Blick schweift zu den Besuchern und über die Anlage.

Wie weit mag es eigentlich sehen? Bekommt es mit, was bei den Tüpfelhyänen los ist? Und hört es den Safari-Train, der in unmittelbarer Nähe seine Runden dreht?

Mich lockt das Läuten seiner Glocke, die das Zeichen gibt, dass die Bahn gerade wieder abfährt.

Safari-Train

„Zurückbleiben!"

Der Safari-Train von „Affenhausen Hauptbahnhof" nach „Affenhausen Hauptbahnhof" setzt sich mit den meist jungen Fahrgästen in Bewegung.

Die Eltern stehen am Bahnsteig und winken. Also, ein paar wenige winken. Die anderen haben nämlich keine Hände frei. Sie sind damit beschäftigt, ihre Handys in die Luft zu halten und ihre Kinder zu fotografieren.

Der rote Teppich zum Filmfest in Cannes ist Pillepalle gegen dieses Blitzlichtgewitter.

„Noris, gucke mal zum Papa!"

Noris hat keine Zeit, zum Papa zu gucken. Ihn nimmt seine Lokführertätigkeit voll in Anspruch.

Als die Hälfte der Strecke absolviert ist, brüllt Noris allerdings vom anderen Ende laut bimmelnd: „Papa, guck mal, ich bin ein Lokführer."

Jetzt hat der Papa aber keine Zeit für Noris, weil er nun minutenlang damit beschäftigt ist, das Foto wegzuschicken. Weit weg. Ans andere Ende der Welt: zum Kickerlingsberg. (Liegt neben dem Zoo.) Dort wohnen Onkel und Tante, und die müssen aktuell über den Stand des Zoobesuchs informiert werden. Jede Station wird dokumentiert.

Da muss der Noris durch. Der hat heute schon mindestens zwanzig Mal Modell gestanden.

Vor der Abfahrt des Zuges kontrollieren die Erwachsenen, ob alles in Ordnung ist, damit keines der Kinder rausplumpst. Manchmal müssen Papa oder Mama mitfahren.

Ich sehe, wie der dicke Hintern eines Mannes aus dem Waggon hängt. Hauptsache, der wird ihm nicht abgefahren. Und ich habe auch Bedenken, dass die Gleise das nicht aushalten. Entgleisung!

Die Plätze, welche die Kinder einnehmen, verraten viel über ihren Charakter und ihren möglichen Entwicklungsweg. Kinder, die von selbst den hinteren Waggon wählen, werden doch eher Buchhalter oder Gärtner. Die in der Lokomotive tendieren in Richtung Führungskader.

Man hat da nämlich Macht. Macht über eine Schnur, an der eine Bimmel hängt. Sitzen da zwei Kinder, müssen sie sich reinteilen in das Bimmeln. Obwohl sie zwei Enden zum Ziehen haben, kann es Ärger geben.

Die meisten Eltern kennen ihre Pappenheimer – und wenn noch ein zweites Kind in der Lok sitzt, sorgen sie vor. Sie befehlen: „Lass den Jungen neben dir auch mal ziehen. Hast du gehört?"

Hat er gehört, aber nicht wirklich vor. Dennoch, die Worte der Eltern, die nach der ersten Runde rufen: „Lass den Anderen auch mal ran!!!!!!", zeigen Wirkung und die letzten fünf Meter darf dieser mitbimmeln.

Aber es gibt auch die ganz Harten. Einmal beobachtete ich, wie ein Junge nicht für einen einzigen Moment die

Schnur hergab. Er hielt sie schon vor der Abfahrt fest in der Hand und schaute starr geradeaus, als die Eltern des zweiten Jungen ganz liebevoll baten: „Du gibst doch unserem Kleinen auch mal die Bimmel?!"

Die Fahrt begann, und als der Zug wieder hielt, stieg der eine heulend aus, während der andere ganz cool an dem weinenden Bündel vorbei zu seiner Mutter lief. Sie schien mächtig stolz darauf zu sein, dass er sich ohne Rücksicht durchgesetzt hatte.

Die Eltern des weinenden Jungen hörte ich sagen: „An manche Leute müsste man Kondome verteilen, damit sie sich nicht vermehren."

Ich entdecke Ursel und Rosi. Sie kichern über eine Idee, die sie haben. Dann bewegen sie sich zum Kartenschalter:

„Ist der Zug stabil?"

„Ja."

„Was wir sagen wollen: Dürfen da auch wir zwei Erwachsenen mit?"

„Sie dürfen."

„Wollen wir?" wendet sich Ursel an Rosi.

„Klar."

Die beiden lösen ihre Karten und nehmen Platz. Vor der Abfahrt geben sie dem Vater von Noris ihre Kamera, damit er ein Foto macht. Da sitzen nun die zwei „alten Weibsen" ausgelassen in der „Babybahn" und machen mit ihrer Fröhlichkeit mehr Lärm als die meisten der Kinder.

Als sie aussteigen, hält Ursel inne.

„Rosi."

„Ja."

„Ich sterbe doch vor dir."

„Woher weißt du denn das?"

„Das habe ich dem da oben so mitgeteilt."

„Als ob der auf dich hört."

„Aber wenn, dann will ich, dass du meine Beerdigung wie folgt gestaltest: Du gehst mit mir in der Urne hier in den Zoo. Zuerst bekomme ich eine Bootsfahrt durchs Gondwanaland, dann trägst du mich durch alle Anlagen spazieren und zum Abschluss fährst du mit mir Safari-Train! Versprichst du mir das?"

„Ja, wenn es sein muss."

„Und Rosi, gefahren wird vorn in der Lok. Mit Salut-Bimmeln!"

Gezwitscher

Früher gingen vorwiegend die kleinen Kinder mit ihren Eltern oder Großeltern in den Zoo. Natürlich auch Schulklassen. Besonders in den Ferien. Dennoch, ab einem bestimmten Alter wurden die Jugendlichen weniger. Heute ist das anders. Die vielen modernen, artgerechten Tieranlagen und Attraktionen wie Gondwanaland holen die jungen Leute zurück.

Pubertierende, die frustriert im Zoo abhängen, weil sie mit der Familie mitmussten, sind in der Minderheit. Die Jugend fühlt sich wohl. The next Generation bewegt sich locker durch den zoologischen Garten mit Twitter, Apps, Facebook und Instagram.

Ich beobachte an der Voliere der Orangenhaubenkakadus und Aras eine Gruppe süßer Teenies. Sie sitzen auf einer Bank, nein, sie sitzen nicht, sie hängen ineinander verschlungen als kicherndes Knäuel und lachen sich schief. Einem Girlie ist ein Selfie mit Orang-Utan-Chef Bimbo gelungen, das sie gerade an alle Freunde versendet mit dem Kommentar: „Mein Neuer!"

Die Mädchen bekommen natürlich nicht mit, dass die Aras ganz ruhig an ihren Gitterstäben hängen und sie beobachten. Ich glaube, die Vögel sind verwirrt, weil sie sehen, dass die Menschen da vor ihnen mit ihren Fingern auf kleinen, leuchtenden Plastikbrettchen herumtippen. Finger, die aussehen wie ihre Krallen, nur bunter, viel bunter. So zwitschern sich die Teenies durch das World Wide Web und die Aras zwitschern mit.

Ich mag diese exotischen Vögel. Mich fasziniert ihr buntes Gefieder, und irgendwie werde ich das Gefühl nicht los, dass sie sich viel küssen.

So wie Mandy und ihr Freund. Der steht jetzt bei der Jason-Skulptur von Walter Lenck und fotografiert diese. Ich bin überrascht. Das Kunstinteresse hätte ich ihm gar nicht zugetraut. Man soll also nie vorschnell urteilen! Aber warum fotografiert er nur das Hinterteil?

Ganz klar! Hätte ich mir auch gleich denken können. Ihm haben es die großen „Glocken" der kämpfenden Stiere angetan. „Prachtexemplare", höre ich ihn voller Bewunderung zu Mandy sagen. Die beiden sind unwiderstehlich in ihrer direkten Art.

Beim Decken-Toko steht ein älteres Pärchen. Die Frau liest laut den Text auf der Informationstafel: „Das Weibchen wird vom Männchen in einer Baumhöhle mittels einer Mischung aus Erde, Speichel und Kot eingemauert und während der Brut und Aufzucht durch einen schmalen Spalt mit Futter versorgt."

Sie ist entsetzt. „Das ist aber furchtbar! Die wird eingemauert!"

„Ja", sagt ihr Mann ganz liebevoll: „Da kannst du mal sehen, wie gut du es bei mir hast."

Mit Liebe fängt alles an

Es gibt im Leipziger Zoo einen Ort, an dem ich mich mal entsetzlich blamiert habe: das Aquarium.

Ich bin da eigentlich sehr gern. Mich faszinieren die in allen Farben schillernden Arten von Amphibien und Reptilien. Wie die meisten Kinder habe auch ich eine diebische Freude daran, die Chuckwallas zu zählen. Das ist nicht immer einfach, denn diese verkriechen sich oft hinter Steinen und Pflanzen. Aber das macht den Reiz aus.

Auch die Schlangen sind Meister im Verstecken. Also stand ich eines Tages vor einem Terrarium und suchte eine Natter. Sie war einfach nicht zu finden. Plötzlich meinte ich, sie entdeckt zu haben. Hinter einer Pflanze sah ich sie herunterhängen. Ich war mir ganz sicher. Allerdings wirkte sie leblos. Etwas zu ruhig. Geduldig wartete ich, dass sie sich bewegte.

Eine Familie gesellte sich zu mir. Die Frau fragte: „Wo ist die Schlange?" Ich antwortete mit dem Brustton der Überzeugung: „Hier!" und zeigte auf mein Objekt.

Da schauten mich vier Augenpaare mitleidig an und der kleine Knopf der Sippe sagte cool: „Du, das ist nur die Haut!"

War mir das peinlich! Das Rot in meinem Gesicht war kräftiger als das meiner Haare.

Dieses Erlebnis ist lange her und so gehe ich heute gelassen in das Aquarium. An der Scheibe vom „Mittelmeer" sehe ich einen der Tierpfleger stehen. Er schaut verträumt auf seine bunten Fische. Die vielen Besucher stören ihn dabei überhaupt nicht.

Vielleicht gibt es ja wieder einen neuen Meeresbewohner zu bewundern? Man hat jedenfalls den Eindruck, er schaut auf etwas, das er besonders mag.

Ich kenne ihn durch die Fernsehproduktion „Elefant, Tiger & Co." Er wurde, wie viele vom Zooteam, weit über die Grenzen Leipzigs hinaus bekannt.

Durch die Fernsehsendung wissen wir immer, was los ist im Gehege. Der eine Pfleger mistet gerade bei den Elefanten aus, der andere muss mit seinem Schützling zum Tierarzt, und eine dritte Tierpflegerin versucht einen exotischen Vogel einzufangen mit den Worten: „Komm jetzt her, du Sackgesicht." Wir sehen alles. Nur eins sehen wir nicht: Gleichgültigkeit.

Für mich ist das, was wir von den Pflegerinnen und Pflegern im Fernsehen oder im Zoo erfahren, alltäglich gelebte Liebe. Und was wir lieben, wollen wir auch beschützen. Dieses menschliche Gefühl macht einen achtungsvollen Umgang mit einer Hauskatze ebenso möglich wie das Engagement für internationale Schutzprogramme der vom Aussterben bedrohten Arten – ob Elefanten, Quolle oder Schimpansen.

Wie sehr sich das Denken im Laufe der Zeit geändert hat, zeigt uns ein historisches Ereignis vom Zoo Leipzig, welches im Entdeckerhaus Arche dokumentiert ist.

Am 19. Oktober 1913 brachen Zirkus-Löwen bei einem Transport aus. Verursacht durch den Leichtsinn der Kutscher, welche den Wagen mit den Tieren unbeaufsichtigt ließen. Es kam zu einer Kollision mit der Straßenbahn. Die Löwen sprangen frei herum, und um der Lage Herr zu werden, schoss man auf sie. Sechs der Tiere starben. Damals, vor über hundert Jahren, legte man die toten Tiere wie Trophäen im Wirtschaftshof des Leipziger Zoos aus. Eine Woche lang. Es kamen mehr Besucher als sonst üblich. Heute kämen auch mehr Besucher, allerdings aus Protest. Bewaffnet mit Transparenten, Leuchtkörpern oder Trillerpfeifen.

Auch mussten bis in die sechziger Jahre Tiere als Fotomodell herhalten. Einige Leipziger haben noch Bilder, auf denen sie als Kinder mit einem kleinen Löwen im Arm abgebildet sind. Das gibt es zum Glück nicht mehr. Wir wollen ja auch nicht von jedem angefasst werden!

Heute dürfen wir nur Haustiere und eine besondere Art von Fischen im Aquarium streicheln! In meiner Jugend habe ich oft im Dorfteich gebadet und mich vor den glitschigen Teilen geekelt.

Heute warte ich geduldig am Koibecken, bis einer zu mir kommt, damit ich ihn berühren kann. Das befriedigt das Kind in mir.

Ich laufe weiter und finde mich mich jetzt an der Litfasssäule wieder. An mir ziehen viele Menschen vorbei.

Reisegruppen, Rollstuhlfahrer, Schulklassen, Pärchen, Singles, Familien und viele Touristen. Es wird Zeit für mich, zu gehen.

Ich nehme einen kleinen Umweg über die Hacienda Las Casas, um die Roten Pandas anzuschauen. An deren Freianlage sehe ich, wie die Besucher vergebens die Zweige nach den kuscheligen Tieren absuchen.

Ein kleiner Junge ist enttäuscht: „Papa, der Rote Panda ist nicht zu Hause."

„Ja", antwortet der Vater, „der ist bei der Tante zu Besuch oder hat Urlaub!"

Von den Pandas ist es eigentlich nicht mehr weit bis zum Ausgang. Man könnte das locker in zehn Minuten schaffen. Einfach an den Schneeleoparden, Eulen und den Przewalskipferden vorbei und schon ist man draußen. Denkst du!

Allein für die Fotosession auf der Elefanten-Plastik, die schon ganz blank gewienert ist, weil so viele Menschen auf ihr herumgerutscht sind, muss man eine halbe Stunde planen. Was meint ihr, wie viele Hausgemeinschaften, Selbsthilfegruppen, Junggesellenabschiede oder Gartenvereine sich dort komplett raufgequetscht haben.

Eben sehe ich, wie eine Omi ihren Enkel in Position setzt. Für den Kleinen ist das eine ziemlich wacklige Angelegenheit:

„Oma, ich falle gleich runter!"

„Warte, bis ich mit dem Foto fertig bin."

Streichelzoo

Ein Paradies für die Kinder schlechthin ist der Streichelzoo. Ich gehe immer in eines dieser kleinen Holzhäuschen. Wenn man Glück hat, kann man nämlich zugucken, wie ein Küken zur Welt kommt. Bisher war mir das nicht vergönnt. Heute ist es anders. Ich bin außer mir vor Freude, denn ich kann sehen, wie sich eines gerade aus der Schale kämpft. Ein Großteil des kleinen Körpers ist schon draußen, nur die Schale will noch nicht vom Füßchen. Immer wieder strampelt es, versucht, das lästige Teil von sich zu stoßen.

Zwischenzeitlich liegt es da wie tot. Ich bekomme Angst, dass es nicht wieder aufsteht. Aber es rappelt sich auf. Dieser Wechsel zwischem dem Kampf mit der Schale und reglosem Liegenbleiben geht noch mindestens zehn Minuten. Man kann sehen, wie der Kükenkörper atmet. Und man spürt: es ist anstrengend.

Endlich ist es geschafft. Aber nun liegt es reglos da. Ich werde panisch. Es ist tot, höre ich mich innerlich jammern. Im selben Moment, als hätte es mich gehört, plustert es sich auf und wackelt auf mich altes Huhn zu. Ich schaue glücklich auf das Küken, das vor meinen Augen ins Leben geschlüpft ist. In sein vergleichsweise kurzes Leben.

Ich schlendere noch ein Stück weiter durch den Streichelzoo. Robbi ist wieder da. Ich habe ihn eigentlich noch gar nicht entdeckt. Aber ich erkenne inzwischen die besorgte Stimme der Mutter: „Robbi, pass off, dass du da nicht runterfällst!" Gemeint ist das Holz-Schiff „Amazonas", auf dem Robbilein herumturnt.

Wer auf diesem Spielplatz seine Kinder zum Gehen antreibt, muss mit großen Tränen oder Geschrei rechnen. Hier toben sich alle noch einmal aus, hier werden die letzten Kraftreserven mobilisiert. Hier geht es laut und multikulturell zu.

Ein dunkelhäutiger Junge, der astrein sächsisch spricht und Willi heißt, ist ebenso vertreten wie Louis, der kleine Franzose mit Segelfliegerohren und Zahnlücke. Er ruft fortwährend seine „Mamong", weil er oben an Deck ist und seine Kunststücke zeigen möchte. „Mamong" hat sich mit letzter Kraft ein Bier geholt, winkt Interesse heuchelnd zum Nachwuchs und ist froh, als dieser wieder im Schiffsrumpf abtaucht.

Hier kannst du als Erwachsener den Schlafsack ausrollen und ein Basislager errichten. Für Essen und Trinken ist gesorgt. Man isst das Mitgebrachte oder holt sich etwas beim „Urwaldfizz".

An diesem Ort lernen sich viele kennen und kommen ins Gespräch. Wer Kinder hat, hat viel zu erzählen. Die Erwachsenen sitzen locker im Sand oder auf Bänken. Dabei gucken sie nach dem Rechten, rufen die Kinder zur Ordnung, beruhigen, wenn Tränen fließen und plaudern über Gott und die Welt.

Ich überlege, wie viel Zeit ihres Lebens insbesondere die Leipziger hier schon verbracht haben. Nein, ich muss mich korrigieren. Richtig muss es heißen: wie viel Zeit sie geschenkt haben.

All die Mütter, Väter, Omis, Opis und anderen Erwachsenen, die nach der Arbeit noch für eine Stunde mit den Kindern zu dieser Spieloase gehen. Sie nehmen sich Zeit. Weil sie die Kinder lieben und weil sie clever sind. Es hat sich herumgesprochen: Ein Dreikäsehoch, der vom Spielen erschöpft ist, schläft schnell ein. Da muss man abends am Bett vom „Kleinen Gespenst" nur die ersten zwei Seiten vorlesen, bevor der Nachwuchs ins Traumland verschwindet.

Ein Vater bringt es im Gespräch mit seiner Tochter auf den Punkt: „Wir gehen jetzt nach Hause, essen eine Pizza und dann geht's ab ins Bett."

Ich könnte hier Stunden verweilen. Eben sehe ich, dass zwei Kinder zu ihrer Mutter rennen, die offensichtlich gerade von der Arbeit gekommen ist und zur Familie dazustößt. So wie sie machen es viele.

Ich schaue mich auf diesem „Amazonas-Paradies" um und wiederhole meine Worte vom Anfang: „So muss eine Gesellschaft aussehen." Und was ich hier sehe, stimmt mich optimistisch, dass das doch noch was wird mit unserer Arterhaltung.

Bevor ich mich in Richtung Flamingolagune aufmache, muss ich noch ein Versprechen einlösen. Ich erzähle zum Abschluss die Geschichte, mit der ich meine Notizen für dieses Büchlein vor Jahren begann. Auf einen Kassenzettel, den ich in meiner Tasche fand, schrieb ich damals die Worte:

„Peepshow bei den Bonobos."

Peepshow bei den Bonobos

Wenn man von den Bonobos spricht, dann sagen manche Leute: „Bonobos, das sind doch die, die so viel vögeln." Na ja, man kann schon sagen, das Gehege der Bonobos ist so eine Art Swingerclub unter den Tieren. Es geht da bei den Liebesspielen tüchtig durcheinander.

Über die Geburt eines Jungtiers wurde damals wie folgt informiert:

„In der Nacht vom 01.09.2009 zum 02.09.2009 brachte die Bonobodame Ulindi ihr zweites Jungtier zur Welt. Der Vater ist entweder Kuno oder Limbuko."

Wir Menschen finden das sehr amüsant. Bei den Affen.

So oft ich nun schon den Zoo besuche, so oft höre ich bei den Bonobos witzige Kommentare über deren ungehemmtes Sexleben. Vielleicht, weil uns diese ausgelassene Art gefällt oder weil wir sie auch ein bisschen darum beneiden. Denn bei diesen Primaten fällt das „Rumgemäre", wie der Sachse sagt, einfach weg.

Wir Menschen müssen uns häufig so viel Mühe mit der Erotik geben. Die Bonobos fallen einfach übereinander her. Wissenschaftler betonen immer wieder, dass diese Menschenaffen sehr sensibel sind und sich so verhalten, um den Frieden in der Sippe zu sichern. Streit wird mit Sex beigelegt.

Das sollten wir Menschen auch tun. Aber wir stehen uns oft selbst im Weg. Wir nehmen über Wochen übel, reden nicht miteinander und versuchen verzweifelt, nach Geboten zu leben.

Die Bonobos kennen so etwas nicht. Sie lieben sich mit einer gewissen Lässigkeit überall im Gehege. Dabei artet das manchmal zu artistischen Nummern aus. Sie treiben es auf Ästen, an den Seilen oder unter einem Stück Papier, das sie sich übergestülpt haben.

Diese unbekümmerte Art zu lieben, lässt auch die Besucher entspannt und fröhlich zuschauen.

„Make love, not war."

Einmal jedoch geriet der Sex zu einer heiklen Darstellung und die sonst so witzig aufgelegten Leute zeigten sich von ihrer schüchternen Seite.

Die Innenanlage der Bonobos im Zoo liegt gut eingebettet zwischen den Gorillas und Orang Utans. Man steht wie unter einer Felsenhöhle und kann durch ein großes Fenster dem Treiben zusehen. Oft tummeln sich da viele Leute.

An jenem Tag bemerkte ich, dass es auffallend leer war, als wolle keiner etwas von diesen beliebten Affen wissen. Ich sah, wie die Leute, die sich der Scheibe näherten, ganz schnell weitergingen. Das weckte meine Neugier.

Als ich näher kam, wusste ich auch, warum die Besucher so verlegen reagierten. Direkt an der Scheibe, auf einem der Äste und wie auf einem Präsentierteller, liebte sich ein Bonobopärchen – auf Französisch. Sie taten dies mit viel Intensität und stellten alles deutlich aus. Wie bei einer Peepshow. Sie hatten einen ganz langsamen Rhythmus und schauten dabei mit verklärtem Blick auf die Leute. Diese „Show" war höchst ungewöhnlich, da sehr direkt.

Damit kommen wir Menschen manchmal schlecht zurecht. Wir wissen ja, wie das ist, wenn Liebesszenen im Fernsehen laufen und die Familie sitzt mit Oma, Opa und den Kindern zusammen. Da wird so eine Szene schnell mal mit dem Holen von Bier überspielt oder die Oma sagt: „Die immer mit dem Geknutsche", und strickt dann im doppelten Tempo nervös am Schal für das Enkelkind weiter. Jeder hat da so seine Methoden, in der Öffentlichkeit damit fertigzuwerden.

Die beiden Bonobos brachten uns Menschen also leicht in Verlegenheit. Ich stellte mich etwas abseits und beobachtete die Szene, denn ich war nun die Einzige, die wusste, welches Schauspiel die Besucher da erwartete.

Ein etwas reiferes Pärchen tauchte auf. Sie waren noch per Sie und hatten sich vielleicht das erste Mal getroffen. Angeregt sprechend kamen sie von den Gorillas und verstummten, als sie die beiden „Liebenden" wahrnahmen. Verlegen drehten sie ihre Köpfe zur anderen Seite und schauten nun konzentriert auf die künstliche Felsenwand.

Der Mann: „Die Konstruktion der Felsen ist auch sehr ansprechend, nicht?"

„Ja", entgegnete sie mit hochrotem Kopf, „sehr ansprechend."

Die beiden waren heilfroh, als sie das Areal verlassen konnten.

Dann kam ein junges Paar mit einem kleinen Mädchen, so um die vier Jahre alt. Ihr Kosename war „Mäuschen". Als „Mäuschen" die Bonobos entdeckte, stürzte sie zum Fenster, ging ganz dicht ran und schaute gebannt auf den Liebesakt.

„Mama, was machen die da?"

Die Eltern, die nun auch staunten, was da ablief, versuchten sich um die Antwort zu drücken.

„He, was machen die?"

„Die spielen nur. Komm, wir gehen weiter."

„Mäuschen" aber wollte nicht weiter.

„Die Orang Utans sind auch schön. Guck mal, ganz viele kleine Orangs. Die sind ganz süß," versuchte die Mutter zu locken.

„Hm." Die Kleine wollte sich nicht trennen.

„Mäuschen!"

Jetzt mischte sich der Mann ein.

„Lass die da jetzt stehen. Da kann die gleich mal gucken, wie das zu laufen hat."

Nun feixte sich das junge Paar an und wartete geduldig auf „Mäuschen", das sich fasziniert mit den Liebesschleckereien beschäftigte.

Irgendwann aber begab sie sich zu ihren Eltern und fragte: „Warum machen die Affen das so?"

Die Mutter suchte gerade nach einer fadenscheinigen Begründung, da ergriff der Vater das Wort:

„Mein Mäuschen, du weißt doch, dass Mama und Papa sich manchmal streiten."

„Ja."

„Die Affen streiten sich auch manchmal. Wenn so ein Streit aufkommt, dann machen die ganz schnell Liebe und alles ist wieder gut."

„Dann möchte ich, dass ihr Affen seid. Denn wenn ihr euch streitet, dann sitzt ihr stundenlang jeder in seiner Ecke und redet nicht miteinander. Warum?"

„Weil wir eben Menschen sind", tröstet die Mutter.

Der Vater ergänzt: „Und wir Menschen sind manchmal einfach nur blöde."

Auf Wiedersehen, bis bald!

Ich stehe bei der Flamingolagune, um Tschüss zu sagen. Die Flamingos strahlen uns förmlich an mit ihrem Lachs, Pink, Weiß und Rot im Gefieder. Ihr Leuchten hat viel von den Seelen der Kinder, die jetzt mit mir und all den anderen Erwachsenen zum Ausgang strömen.

Ich sehe Ursel und Rosi. Die beiden schlendern Arm in Arm direkt zur Kasse. Sie schenken sich gegenseitig eine Jahreskarte. Beim Safaribüro buchen sie zudem einen Kindergeburtstag. Mit Tiergesichterschminken. Für sich. Allerdings haben sie beschlossen, die Enkelin von Rosi als Alibi mitzunehmen.

Auch Mandy entdecke ich. Eng umschlungen mit ihrem Freund. Sie wirkt auch gar nicht mehr so sexy langbeinig wie zu Beginn. Sie trägt ihre High Heels in der Hand und hat ein glückliches Gesicht. Wohl auch, weil ihr Lover der Richtige ist. Die beiden berühren sich fortwährend.

Mandy ist also dazu übergegangen, barfuß zu laufen. Kiara läuft gar nicht mehr, sie wird getragen. Von ihrem Papa. Der hat heute folgendes Futter zu sich genommen: eine Roster, eine Brezel, einen Monster Slush, ein Eis, eine Kartoffelsuppe und einen Verdauungsschnaps. Kiara ist erschöpft, plappert aber noch ein bisschen vor sich hin.

„Papa, wenn wir das nächste Mal in den Zoo gehen, dann ist die Mama mit dem Baby dabei."

Markant – als Parfum oder Zoodorant.
Jetzt neu als Duftmarke „Pavian"

„Ja."

„Und dann kann ich dem alle Tiere zeigen."

„Weißt du noch, welche Tiere wir gesehen haben?"

„Krokodile, Pferde, Roter Panda, Plumplori, Okapi, Erdmännchen …"

Langsam schlummert sie ein.

Außerdem gibt es noch eine Familienzusammenführung. Rudolf sitzt mit Frauchen am Ausgang. Er hatte im Parkhaus für Aufruhr gesorgt, weil er erst ununterbrochen im Auto winselte. Später gelang es der Intelligenzbestie Rudi, die Wagentür zu öffnen. Er sauste orientierungslos über das Parkdeck und knabberte an den Reifen eines fremden Autos. Die Leute informierten darauf hin, wohl auch aus Mitleid mit dem hungrigen Tier, den Zoo.

Nachdem Rudolf sein Frauchen wieder hatte, ging es für beide ab in die Stadt. Sie waren in einer Eisdiele, in mehreren Warenhäusern und haben eine Sightseeing-Tour im offenen Doppelstockbus unternommen. Rudolf saß oben an Deck und konnte seine Schlappohren im Wind wehen lassen.

So hat die Familie einen guten Kompromiss gefunden. Was das Frauchen noch nicht weiß: Sie bekommt zum Geburtstag eine Tierpatenschaft für einen Präriehund geschenkt.

Und Robbi? Ich drehe mich um. Ich kann ihn nicht sehen. Aber die Mutter höre ich wieder.

„Robbi, wo rennst denn du schon wieder hin?"

„Robbi, komm auf der Stelle her", pfeift ihn jetzt auch der Vater zurück, „sonst wirst du ausgewildert."

Robbi kommt angeschlurft.

„Aaaaaaach, ich wollte doch nur noch mal zum Dallschaf gucken."

„Das kannst du doch ein anderes Mal. Wir kommen bald wieder her."

Robbi will sofort den Sack zumachen: „Vati, wann gehn mir wieder bei die Giraffen?"

Der Vater holt tief Luft: „Robbi, was hat der Vati dir gesagt? Es heißt nicht ‚bei die Giraffen', sondern ‚zu die Giraffen'."

Nun holt die Mutter tief Luft.

„Es heißt weder ‚bei die' noch ‚zu die'. Es heißt ‚wir gehen zu den Giraffen'."

Darauf der Vater: „Das mag schon sein, aber das hat sich in Leipzig nicht durchgesetzt."

Ein kurzes Wort zum Schluss

Der Zoo Leipzig wird in naher Zukunft einige Attraktionen mehr zu bieten haben. Da diese sich zum Redaktionsschluss noch im Bau befanden, konnte ich sie nicht in meine Geschichten einbeziehen. Das betrifft unter anderem die „Bärenburg" oder auch die „Kiwara-Kopje".

Auch ändern sich im Laufe der Zeit die Tierbestände. Lieb gewordene Wesen wie zum Beispiel unsere Gibbon-Dame, die in der „Dschungelnacht" erwähnt wird, leben nicht mehr. Ich glaube aber, dass Erinnerungen dieser Art mit in ein solches Büchlein gehören.

Außerdem habe ich etwas gemogelt. Der aufmerksame Zoobesucher wird merken, dass man niemals in 75 Minuten vom Gondwanaland zum Elefantenbaden kommen kann. Es sei denn, man joggt durch die Tropenwelt. Ich habe diesen Kunstgriff gewählt, um den Rundgang besser nachvollziehbar zu machen.

Auch bedanke ich mich bei all den Kindern und Erwachsenen, die mir so manchen schönen Tag im Leipziger Zoo geschenkt haben. Einfach, weil sie in meiner Nähe waren und mich bis zum heutigen Tag in dem Glauben lassen, dass wir Menschen gar nicht so übel sind.

Als Zugabe gibt es nun Impressionen zur Dschungelnacht 2012.

Dschungelnacht

11. August 2012. Bilderbuchsommer.
17 Uhr. Dschungelnacht im Zoo.

Gründergarten

Im Gründergarten sitzen schon viele Besucher. Von wegen sitzen. Sie liegen fast. Müde, die Beine von sich gestreckt, und die Männer ihre Bäuche haltend.

Auf der Bühne ist eine brasilianische Show im Gange. Ein Moderator müht sich, die Zuschauer in Stimmung zu bringen und greift sich aus der Menge einen kleinen Jungen. Dieser hat bunte Haare und ein geschminktes Krokodilsgesicht.

„Ist das eurer?", fragt er ein junges Ehepaar.

„Ja."

Und zum Jungen: „Wer hat dich denn so zugerichtet?"

„Die Mutti!"

„Wie alt ist euer Sohn?"

„Sieben", sagt der Mann.

„Acht", korrigiert die Frau.

Gelächter im Publikum.

Der Junge müsste wohl noch mehr Spott des Moderators ertragen, aber da ist schon ein neuer Programmpunkt der

Bühnenshow fällig: Das brasilianische Ballett beginnt einen temperamentvollen Tanz: Samba, Samba, Samba!

Besonders die Männer sind plötzlich putzmunter. Sie klatschen im Rhythmus, pfeifen und schreien: „Samba, olé!" Alle sind happy.

Die Tänzerinnen haben bunte Federn auf dem Kopf und ich mache mich auf den Weg zu den Aras, um nachzuschauen, ob die gerupft wurden.

Vogelvolieren

Ich zucke zusammen. Neben mir steht ein großes Tier, eine Giraffe. Und sie ist nicht allein, sondern in Begleitung eines Zebras.

Es sind Künstler auf Stelzen. In fantasievollen Kostümen zeigen sie uns, wie diese Savannentiere umeinander werben. Mal lässt die Giraffe das Zebra an sich ran, dann wieder zeigt sie die kalte Schulter.

Eine Frau steuert auf meine Bank zu. Sie holt eine Isoliermatte aus ihrer Tasche, klatscht sie auf den Platz neben mir und setzt sich ächzend hin. Bestimmt zwei Zentner bringt sie auf die Waage und nimmt sich selber aufs Korn: "Fleisch muss ruhen."

Die Giraffe nähert sich ihr und beginnt zu schäkern, so als wolle sie sagen: „Schau mal, wie schön ich bin! Gefalle ich dir?"

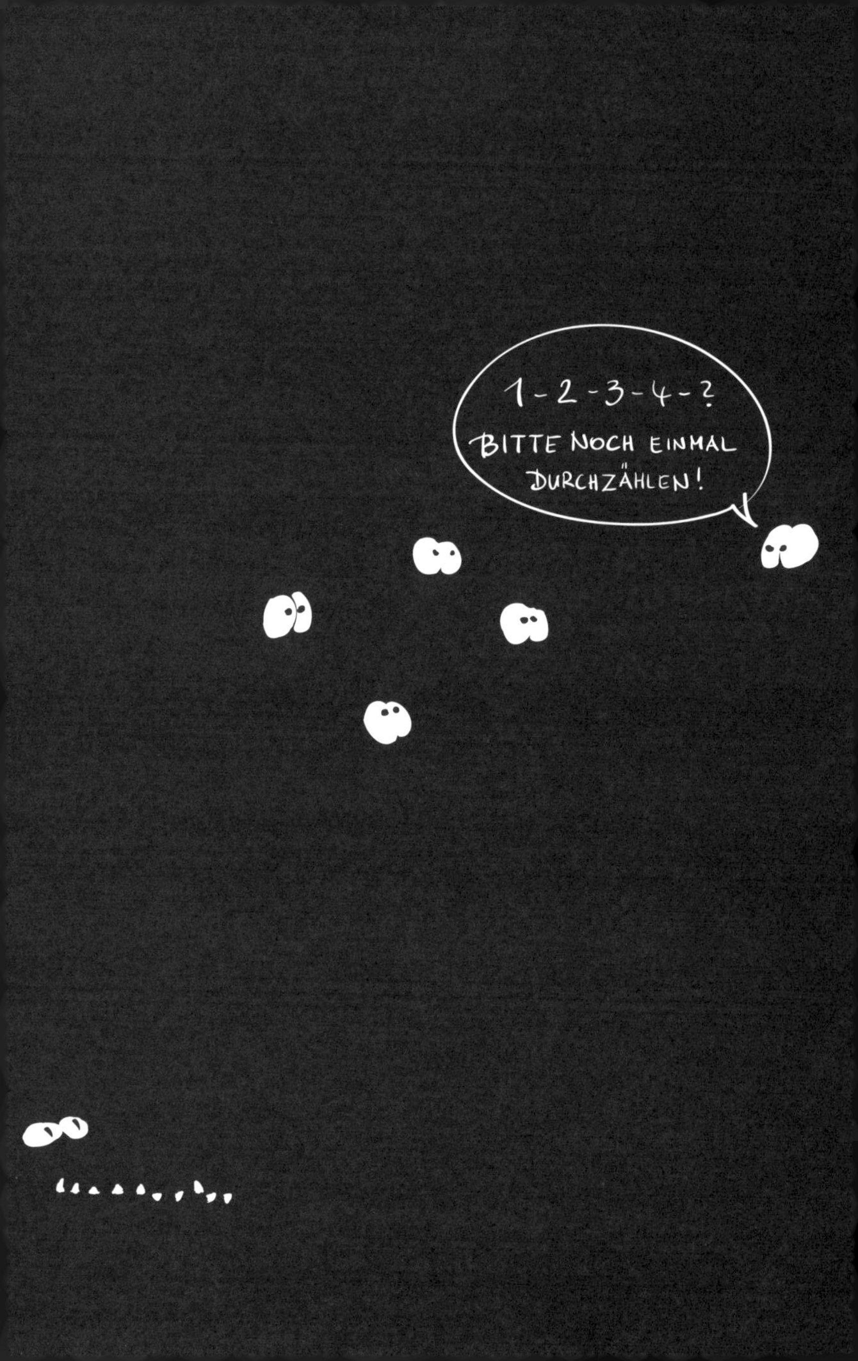
1 - 2 - 3 - 4 - ?
BITTE NOCH EINMAL DURCHZÄHLEN!

Aber die Frau fragt nur trocken: „Sagen Sie mal, ist das nicht zu warm unter dem Kostüm?" Und zu mir: „Die Künstler haben es auch nicht immer einfach." Wie wahr.

Urwalddorf

Unter Anleitung afrikanischer Musiker üben die Besucher das Trommeln. Es ist lustig zu erleben, wie der Vati aus Paunsdorf oder der Kevin aus Borna „Afrika" spielen. Käseweiße Menschen strahlen über das ganze Gesicht, weil sie ein Instrument zwischen den Beinen haben, auf dem sie sich austoben können.

Dazwischen ruft unsere Gibbon-Dame. Sie will heute unbedingt mitmischen und mit ihrem bizarren Schrei nicht überhört werden. Ein cooler Klingelton für mein Handy.

Kiwara-Savanne

Sonnenuntergang. Rot, tief rot.

Vor dieser Kulisse stolziert die Straußenfamilie und ein Mädchen zählt die Jungtiere. „Sieben Sträußchen", ruft sie.

„Ja", sagt der Vater, „die Eier sind dieses Jahr nicht vergammelt."

Auch der Safari-Train fährt noch. So kommen die Kinder in den Genuss einer Nachtfahrt. An diesem lauen Sommerabend macht das besonders viel Spaß.

Ehe ich mich versehe, ist es dunkel. Überall sind Fackeln angebracht. Wie in einem Märchenfilm erleuchten sie festlich alle Wege.

Platz an der Hacienda Las Casas

Die Leute fläzen in Liegestühlen und trinken Caipirinha, während ihre Kinder auf die Baumhäuser klettern oder auf der Bühne Salsa tanzen. Sie machen die Bewegungen der Tänzer nach, klatschen im Rhythmus und wackeln mit ihren Hintern.

Wir Erwachsenen wackeln mit. Heimlich. Denn wir bleiben am Rand des Geschehens. Wie Zaungäste.

Aquarium

Im Rundaquarium gibt es eine Lichtshow. Dort finde ich sogar einen freien Liegestuhl. So lässt es sich leben!

Auf dem Podest des Aquariums sitzen Kinder. Ihre Gesichter sind durch das kalte, künstliche Licht fast weiß. Sie sehen aus wie kleine Gespenster, hinter denen großen Fische ihre Bahn ziehen.

Mir fällt ein, dass ich mit „Fisch" vor einiger Zeit eine Begegnung der besonderen Art hatte:

Ich kaufte Kosmetikartikel für die Bühne und bekam eine Probe Kaviarcreme. Wundermittel gegen Falten! Ha!

Arglos schmierte ich die Creme ins Gesicht. Das mache ich nie wieder! Ich habe den ganzen Tag lang gestunken wie ein verfaulter Karpfen.

Mehrfach bearbeitete ich mein Gesicht mit Peeling. Ganz zu schweigen von dem Parfüm, das ich verbraucht habe, um diesen Gestank wegzubekommen.

Gründergarten, 21 Uhr

Dort ist die Stimmung jetzt prächtig. Die halbnackten Brasilianerinnen tanzen nun mit den Gästen Polonaise. Wohlgemerkt auf der Bühne.

Ringelpietz mit Anfassen. Die brasilianisch-deutsche Freundschaft, sie lebe hoch!

Kongresshalle

Beginn der Feuershow. Mir fällt ein kleiner Junge auf. Er läuft zielstrebig in die Menge und möchte nach vorn in die erste Reihe.

Er nimmt also sein Herz in die Hand und läuft rein in die Armee der Beine. Allerdings kommt er nicht weit und steht bald wieder am Ausgangspunkt.

Ich sehe mich um. Halte vergebens Ausschau nach einem Erwachsenen, der zu ihm gehört.

Nach zwei weiteren erfolglosen Versuchen steht er da mit

einem verzweifelten Gesicht. Keineswegs ängstlich. Er ist genervt, weil ihm die Leute im Weg stehen.

Da formt er, nur mit den Lippen: „Mama." Man kann es eigentlich nicht verstehen.

„Jason?"

„Mama."

„Jaason?"

„Mama."

„Jaaaason."

„Maaaama", kommt es nun ungeduldig.

Dann endlich entdeckt ihn die Mutter.

Sie atmet tief durch.

„Mama, ich will was von dem Feuer sehen."

Die Mama hat noch einen kleinen Fratz im Kinderwagen bei sich.

Sie setzt Jason auf den Tresen vom Kiosk, der Logenplatz schlechthin. Dann überlegt sie, ob sie vielleicht auch den anderen, kleineren Sohn, hochhalten kann, damit auch dieser etwas sieht.

Doch daraus wird nichts. Weil sie auf Jason achten muss. Sie sagt, mehr zu ihrer Beruhigung, in den Kinderwagen: „Du kriegst das ja sowieso nicht mit."

Ich würde ihr gerne helfen. Ihr anbieten, Jason zu halten, damit das andere Kind auch etwas sehen kann. Aber ich habe Bedenken, so eine Art Eindringling zu sein und schweige.

22 Uhr, Zeit zu gehen!

Auf dem Weg zum Ausgang kommen mir viele Familien entgegen. Jetzt im Dunkeln wird es für die Kinder besonders spannend. Ihre kleinen Gesichter glühen vor Aufregung. So hell wie die Lampions, die sie tragen.

Ich schau noch mal kurz bei den Flamingos vorbei. Da stehen sie nun auf einem Bein, manche den Kopf im Gefieder und ich überlege, wie vorteilhaft es für uns Menschen wäre, wenn wir auch stehend schlafen könnten. Da bräuchten wir ganz wenig Platz und müssten nicht so viel Miete bezahlen. Eine Speise- oder Besenkammer würde als Schlafgemach genügen. Vor einiger Zeit sprach ich meine Bürochefin darauf an und fragte, ob sie lieber in der Speise- oder in der Besenkammer schlafen würde. Klare Antwort: „In der Besenkammer. Wegen dem Tennisspieler."

Dankesworte

Wer einen Fehler findet, wende sich bitte an Barbara Schulz, Diana Serbe, Anne Henkel, Melanie Ginzel, Thomas Störel, Thomas Mock und Prof. Klaus Eulenberger. Sie alle haben dankenswerterweise Korrektur gelesen. Dabei hatte ich viel Spaß, weil die Deutschexperten manchmal unterschiedlicher Auffassung waren. Strittige Stellen laufen bei mir unter folgendem Begriff: künstlerische Freiheit.

Ein besonders dickes Dankeschön geht an meine Mutti, die an dieses Büchlein geglaubt und mich finanziell unterstützt hat.

Und ein tierischer Dank geht auch an euch, liebe Elefanten, Tiger, Giraffen und all ihr anderen Zoobewohner.

Die Themenwelten im Zoo Leipzig

Gründer-Garten mit Aquarium

Durch das alte Portal, den Haupteingang, betritt man den historischen Bereich des Leipziger Zoos, für den Ernst Pinkert 1878 den Grundstein legte.

Das mehr als hundert Jahre alte Aquarium zählt zu den größten in Deutschland. Hier erhält man einen fantastischen Einblick in die Unterwasserwelt mit ihren exotischen Bewohnern. Im Panoramabecken sind nicht nur farbenfrohe Fische zu bewundern, sondern auch lebende Korallen. Im Ringbecken des Neubaus ziehen Riffhaie und andere Arten ihre Bahnen um die Besucher herum.

Bei den Kindern ist das Koibecken besonders beliebt. Da kann man nämlich die Fische streicheln.

Gondwanaland

Die Tropenerlebniswelt Gondwanaland ist eine der schönsten Tropenhallen Europas. Die Besucher spüren hier förmlich den tropischen Regenwald Afrikas, Asiens und Südamerikas. Auf einer überdachten Fläche, etwa so groß wie zwei Fußballfelder, leben 100 exotische Tierarten und rund 500 verschiedene Baum- und Pflanzenarten. Man kann auf Dschungelpfaden laufen, Baumwipfelpfade erklettern und eine Bootsfahrt auf dem Urwaldfluss Gamanil unternehmen.

Asien

Die Expedition nach Asien führt in eine faszinierende Tier- und Pflanzenwelt. Anoas und Urwildpferde streifen durch das Gelände und bunte Vögel fliegen in der asiatischen Freiflugvoliere über die Köpfe der Besucher hinweg. Elefantenanlage, Tiger-Taiga und das neue Leoparden-Tal sind in dieser Themenwelt ganz besondere Attraktionen.

Pongoland

Pongoland ist eine weltweit einzigartige Menschenaffenanlage. Hier sind nicht nur Schimpansen, Bonobos, Gorillas und Orang-Utans zu Hause. Hier forscht auch das Leipziger Max-Planck-Institut für evolutionäre Anthropologie.

Wer den Forschern über die Schulter schauen möchte, sollte vormittags kommen.

Afrika

In einer weitläufigen Landschaft, der Kiwara-Savanne, leben Zebras, Giraffen, Strauße und andere Arten friedlich zusammen. Von verschiedenen Aussichtspunkten genießen die Besucher faszinierende Blicke auf die Savannentiere. Nur durch einen Graben getrennt wohnen gleich nebenan die Tüpfelhyänen. Auch die Angola-Löwen und die beliebten Erdmännchen haben hier ihr Revier.

Südamerika

Die Themenwelt Südamerika ist ganz besonders auch ein Spiel-Eldorado für Kinder. Der Schaufelraddampfer Amazonas, der in einem ausgetrockneten Flussbett gestrandet ist, bildet das Kernstück der Anlage. Seine Schornsteine können von innen erklommen werden und am Steuerrad auf der Kommandobrücke kommen Nachwuchskapitäne voll auf ihre Kosten.

Die neue Flamingolagune schließt den Rundgang durch den Leipziger Zoo ab.

Quelle: Zoo Leipzig

Leseprobe „Die Bremserin"

Aus „Massige Frauen gesucht. Geschichten zur Überwachung des Gänsebratens" von Uta Serwuschok (2010).
ISBN 978-3-00-032985-2

Sie fährt auf der Landstraße bewusst langsam und genießt den warmen Sommertag. Lange genug war das Wetter kühl und regnerisch. In Süditalien geht es viel sonniger zu. Sie versinkt in Gedanken an den Golf von Neapel, an die herrlichen Steilküsten, Capri, Ischia und an das Leben, das sich in den meisten Monaten draußen abspielt. Sie liebt es in einer Trattoria zu sitzen, Wein zu trinken und die italienischen Familien zu beobachten.

Ein lautes Hupen holt sie aus den Träumereien. Hinter ihr ist ein kleiner Lieferwagen, der sie drängt, schneller zu fahren. Der Gegenverkehr macht Überholen unmöglich. Sie fährt schneller, so wie sie es für richtig hält.

Sie erkennt im Rückspiegel einen Mann, der fluchend am Steuer sitzt. Ein Baustellenbereich wird angezeigt und taucht auch schon im nächsten Moment in einer Kurve vor ihr auf. Die Ampel steht auf Rot. Sie geht scharf auf die Bremse. Hinter ihr quietschen die Reifen des Lieferwagens.

Wartend auf den Aufprall umklammert sie das Lenkrad. Aber der hinter ihr kommt noch rechtzeitig zum Stehen. Die Autos trennen nur wenige Zentimeter. Der Fahrer des Lieferwagens steigt aus, reißt ihre Türe auf und beginnt, sie grob zu beschimpfen: „Du Sonntagsfahrerin, es gibt Leute, die haben Arbeit. Gib Gas oder fahr rechts ran! Am besten, du fährst ständig mit Warnblinkanlage und nur im ersten Gang." Wütend geht er zu seinem Lieferwagen und mit jedem Schritt klatschen neue Schimpfwörter wie „hohlköpfiges Fahrgestell", „Pflaume" und „Kinderwagenlenkerin" auf den warmen Asphalt.

Als die Ampel auf Grün stellt, fährt sie durch den Baustellenbereich, dann rechts ran und wild hupend rast der Lieferwagen an ihr vorbei. Wut steigt in ihr auf. Irgendwie kann sie in letzter Zeit nicht mehr ruhig bleiben, wenn andere sich gehen lassen. Sie empfindet dies als Diebstahl ihrer kostbaren Lebenszeit. Sie mag nicht mehr hinnehmen, dass sie als Mülleimer für die Gefühle anderer herhalten soll. Pitschnass und sich elend fühlend lenkt sie das Auto auf den Parkplatz des Ärztehauses. Für einen Moment bleibt sie noch sitzen. Sie spricht frustriert vor sich hin: „Das Gesicht merk ich mir! Wenn der mal zerquetscht als Notfall auf der Straße liegt, dann werde ich mich weigern, ihn zu behandeln."

Sie bemüht sich, innerlich ruhig zu werden, nimmt ihre Tasche und in diesem Moment fällt ihr ein, dass sie bei all der Aufregung vergessen hat, Brot zu kaufen. Noch ein Grund mehr, sich das Gesicht dieses Kerls zu merken.

Im Ärztehaus ist alles beim Alten. Das Wartezimmer ist schon gefüllt. Das liegt an der Vertretung für Dr. Steinmüller, dessen eilige Patienten sie die nächsten zwei Wochen mit betreut.

Die Sprechstunde verläuft völlig normal, als plötzlich die Aufnahmeschwester reingestürzt kommt. Ein Kind hat sich beim Spielen verletzt und sitzt nun mit seinem Vater im Behandlungszimmer von Dr. Steinmüller. Sie eilt dorthin, öffnet die Tür und sieht ein im Gesicht und am Arm blutendes Mädchen und seinen völlig aufgelösten Vater. Es ist der unverschämte Fahrer des Lieferwagens. Er schaut sie hilflos an und überschlägt sich fast, als er erzählt, dass die Tochter vom Kirschbaum gefallen sei und sich verletzt habe. Und ob es etwas Ernstes sei.

„Warten Sie draußen!", sagt sie ruhig, aber hart dem Vater. Sie weiß, das ist die schlimmste Strafe, Eltern ins Wartezimmer zu schicken. Er wagt nicht zu widersprechen und schaut sich noch mehrfach nach der Tochter um.

„Na, erzähl mal!" Die Kleine stottert ihre Geschichte runter. Dass sie nach dem Vati sehen wollte, weil er schon so lange weg war. Und der Vati hat ihr erzählt, dass die Vögel auf dem Baum die ganze Straße überblicken können und sie wollte auch ein Vogel sein, damit sie sehen kann, wann das Auto vom Vati kommt.

Nun sitzt vor ihr ein blasses Mädchen, dessen Wunden glücklicherweise schlimmer aussehen, als sie in Wirklichkeit sind. Schürfungen, und vermutlich nichts gebrochen. Die Ärztin beginnt vorsichtig die Wunden zu reinigen. Plötzlich unterbricht sie die Arbeit und öffnet die Tür zum Wartezimmer. „Kommen Sie wieder rein!"

Der Vater nimmt in einiger Entfernung seiner nun strahlenden Tochter Platz. Er beobachtet die Ärztin, das hohlköpfige Fahrgestell, mit aufmerksamen Blicken. Jede ihrer Bewegungen wird kontrolliert. So, als hätte er Angst, sie könnte seiner Tochter heimlich etwas antun. Als hätte er das Gefühl, sie könne so wenig Kinder behandeln wie Auto fahren.

Sie nimmt am Schreibtisch Platz, um das Rezept auszufüllen. Der Mann huscht zu seiner Tochter und begutachtet das Pflaster. Sie spürt schon wieder Wut in sich aufsteigen. Eben will sie eine giftige Bemerkung über ihre fachlichen Fähigkeiten loswerden, da betritt die Schwester den Raum. „Ihr Mann ist am Telefon."

„Sagen Sie ihm, ich rufe zurück. Und …", sie merkt, wie sie sich aufbäumt, „und sagen Sie ihm, er soll das Brot besorgen. Mir war es nicht möglich, weil ich mich mit einem unverschämten Kerl auf der Straße rumärgern musste. So ein Typ, der mich hohlköpfiges Fahrgestell genannt hat. Man müsste sich weigern, so einen Holzklotz zu behandeln!"

Die Schwester schüttelt den Kopf. So hat sie ihre Chefin noch nicht erlebt. Der Holzklotz stiert aus dem Fenster. Dabei wärmt er mit seinen Händen die Füße des Mädchens. Plötzlich herrscht eine friedliche Stille. Die Ärztin lässt sich für das Rezept Zeit und spürt die Intimität zwischen Vater und Tochter. Sie bemerkt, dass der Mann nun eine sehr angenehme Ausstrahlung hat. Etwas strömt zu ihr herüber. Wohlige Wärme, ein körperliches Empfinden, dass sie am Golf von Neapel hatte.

Da sitzen sie nun. Das hohlköpfige Fahrgestell, der Holzklotz und ein kleines Mädchen, das ein Vogel sein wollte, um nach seinem Vater Ausschau zu halten.

„Ich möchte nach Hause!" Der Mann kommt dem Wunsch des Mädchens nach und nimmt sie vorsichtig auf den Arm.

„Sie müssen mit ihr zum Röntgen. Wir wollen sicher gehen. Ihre Tochter hat noch einen kleinen Schock. Heute Abend geht es ihr schon besser."

Sie fühlt, er will etwas sagen. Aber wie so oft kommt sie aus Angst vor unkontrollierten Gefühlen einer solchen Absicht zuvor. „Vielleicht erklären Sie Ihrer Tochter das mit den Vögeln noch mal."

Zum Dienstschluss betritt die Aufnahmeschwester den Raum. In der Hand hält sie eine Tüte mit duftendem frischen Brot.

„Das wurde für Sie abgegeben."

„War mein Mann da?"

„Ich weiß nicht. Schwester Gabi hat es entgegen genommen."

„Hm…" Sie riecht an dem Brot und entdeckt auf der Tüte einen von Kinderhand gemalten Vogel. Darunter steht geschrieben: „Ich bremse auch für Ärztinnen."

Leseprobe „Lass es blitzen"

Aus „Woran erkennt man eine ostdeutsche Verkäuferin?"
von Uta Serwuschok (2011).

ISBN 978-3-9814843-0-4

„Uta, lass es blitzen!" Mit diesen Worten führte mich meine
Freundin Ellen, in Modedingen sehr bewandert, in die Ge-
heimnisse der Dessous ein. Genauer gesagt, in die Welt der
BHs. Edle Spitzenträger, so erfuhr ich, sind nicht dazu da, dass
man sie versteckt, sondern man soll sie zeigen. Blitzen lassen.

Viele Frauen, so kann man heute beobachten, lassen es
blitzen. Allerdings, manchmal wäre es besser, sie würden das
nicht tun. Wenn so ein vergilbter, ausgeleierter BH-Träger
von der Schulter rutscht, da denke ich immer an Schlüpfer-
gummi. Die Erotik muss da schon speziell sein. Aber wer
weiß. Unsere sexuellen Fantasien sind grenzenlos.

Und um uns diese zu erfüllen, haben sich die Modedesi-
gner eine breite Palette an fantasievoller Wäsche einfallen
lassen. BHs, Strings, Pantys, Slips und Strapse. Nicht zu
vergessen, die halterlosen Strümpfe.

So reizvoll sie sind, so simpel ist eigentlich ihr Verfahren, nach
dem sie funktionieren. Ganz emotionslos betrachtet verhalten
sie sich wie der Gummi eines Einweckglases. Sie saugen sich
beim Kontakt mit unserer Haut an dieser fest. Flupp. Da bleiben sie kleben, bis wir sie wieder ablegen oder ablegen lassen.

So ist der Idealfall.

Halterlose Strümpfe können dir auch übel mitspielen. Um das zu verhindern, sollte man gewisse Grundkenntnisse in Physik haben. Wenn man bestimmte Gebrauchshinweise nicht beachtet, begeben sie sich nämlich auf die Flucht. Das Wort „halterlos" bekommt dann eine doppelte Bedeutung.

„Sie müssen unbedingt darauf achten, dass ihre Haut trocken ist", so sagte beim Kauf solcher Strümpfe eine Verkäuferin zu mir. „Sonst kann der Gummi nicht haften."

Ich war mutig und kaufte mir ein Paar mit schicker Spitze. Die Haut muss trocken sein. Das habe ich mir gemerkt. Da ich aber in Physik nicht aufgepasst habe, war „trocken" bei mir nur in Verbindung mit „nass" im Kopf. Aber manchmal lernt der Mensch eben nur durch Erfahrung.

Ich sprang unter die Dusche und anschließend rubbelte ich mich intensiv mit einem Handtuch ab. So, nun war ich sauber und trocken. Aber dann ritt mich der Esel und ich begann meinen Körper ganz intensiv mit Körperlotion einzumassieren. Die Haut war jetzt schön fettig und verströmte einen herrlichen Duft.

Nun zog ich vorsichtig die Strümpfe an und fand sie an mir ausgesprochen schön. Fast kam ich mir unwiderstehlich vor.

Zur Straßenbahn benötigte ich nur wenige Minuten. Wie ich allerdings an der Haltestelle stand und wartete, wurde ich das Gefühl nicht los, dass der Gummi von meinem rechten Strumpf irgendwie Blasen schlug. Flupp. Und dass sich der

Strumpf etwas von meinem Körper entfernte. Flupp, flupp.

Ich hielt so unauffällig wie möglich meine Hand an meinen Oberschenkel. Doch ich ahnte, der kurze Weg in die Stadt wird eine harte Prüfung. Lotion, schoss es mir durch den Kopf. Du hast die Lotion genommen!

Ich setzte mich ganz behutsam in der Straßenbahn auf meinen Platz, presste meine Beine aneinander wie ein Kind, das dringend pullern muss und hoffte, der Gummi von meinem rechten Strumpf meint es gut mit mir. Dieses Gefühl hatte ich auch. Aber da meldete sich der linke. Flupp. Ganz langsam löste er sich von meiner Haut. Flupp, flupp. Mir wurde siedend heiß.

Ich dachte an das Einweckglasprinzip: Wenn Luft an den Gummi kommt, schließt er nicht mehr richtig. Und das Eingemachte verdirbt.

Ich war auch am Verderben.

Den Ausstieg aus der Straßenbahn bereitete ich gründlich vor. Meine Tasche warf ich über die Schulter, so dass ich beide Hände frei hatte und stieg wie eine Omi mit Arthrose aus. Meinen Strümpfen waren diese Bemühungen allerdings egal. Sie machten flupp, flupp, flupp und gaben mir zu verstehen: Wir sind jetzt mal weg.

Ich versuchte zu retten, was zu retten war.

Nun hatte ich noch einen Beutel zu tragen und konnte nicht beide Strümpfe gleichzeitig festhalten. So versuchte ich abwechselnd den linken Stumpf zu halten, dann den rechten.

Ich musste noch die Hainstraße hoch. Vielleicht hundert Meter. Im Warenhaus ist eine Toilette, sagte ich mir, da ziehe ich sie aus. Aber wissen Sie, wie lang so eine Strecke sein kann.

Und genau in diesem Moment treffe ich einen Bekannten, der mich umarmte. Ich musste ihn ebenfalls umarmen und meine Halterlosen rutschten unter die Knie. Ganz langsam, sanft flossen sie von meinen Beinen, wie das Streicheln zärtlicher Hände.

Am Fuß angekommen, lugten sie nun unter der Hose hervor und der Gummirand, in erotischem Farblos, sah aus wie ein kleiner Keilriemen.

Was hatte ich noch für eine Wahl?

Die letzten fünfzig Meter zum Warenhaus waren der Horror für mich. Mit jedem Schritt gab der Gummi, so bildete ich mir das ein, rhythmische Geräusche von sich. Flitsch, flatsch, flitsch, flatsch! Ich hätte im Erdboden versinken können und glaubte, dass jeder Passant seine Augen auf mich richtete. Dem war natürlich nicht so.

Plötzlich fiel mir die alten Regel ein, die besagt, je mehr du eine Sache verbirgst, desto mehr fällt sie auf. Wir wissen ja, wie das mit Verliebten ist, die ihre Zuneigung geheim halten wollen und sich doch so wunderbar mit ihren Gefühlen verraten.

Ich holte tief Luft, straffte meinen Körper und zitierte kämpferisch meine Freundin: „Uta, du musst zeigen was du hast. Lass es blitzen!"